Of Dust and Chocolate

De poussière et chocolat

Fereshteh Sholevar

Cover photography © 2018 Christina Cookson

Remerciements :

Tous les poèmes anglais de ce livre bilingue ont déjà été publiés dans un livre de poésie de l'auteur, dans des revues et anthologies littéraires aux États-Unis d'Amérique:

All the English poems in this book have been published in poetry journals and anthologies in the United States.

Philadelphia poets
Mad Poets
Schuylkill Valley Journal
Sea Change
Ink poetry –an anthology by Moonstone
Images and impressions / Manayunk-Roxborough Art Center
And the blue continues published by Infinity Publishing
And The Blue Continues (second edition) published by Concourse Press.
Garden of The Souls- Sholevar's Ekphrastic poems / Paintings by Monique…K. Sarkessian
Poetry Repairs- an on-line poetry journal
Apiary—an on-line poetry journal
Writer's Bloc Texas A&M University-Kingsville
Philadelphia Stories- on-line journal
Ethnic Voices (an anthology published by Philadelphia poets
Another Breath- published by PS /Philadelphia Stories
Möbius Poetry.
Persian Book Review/ California

ISBN: 9781797653501
Imprint: Independently published through Parnilis Media

French editors :   Monique-Paule-Tubb

Colette Warren

English editors :   Gloria Parker

Bill Burrison

Remarques de l'auteur

Dans ce livre, je propose la version séparée de chaque poème. Dans certains cas, l'anglais et le français seront identiques, alors que dans d'autres, ils seront similaires mais pas identiques.

Comme je compilais chaque pièce, que ce soit directement en anglais ou directement en français, ces langues m'ont permis de trouver des résultats légèrement différents.

Bien sûr, ce procédé n'est pas uniquement le mien. Vladimir Nabakov, pour sa part, a parfois choisi d'écrire en anglais d'abord, plutôt que dans son russe natal.

The author's remarks

In this book I offer the separate version of each poem. In some cases, the English and French will match, whereas others will be similar but not identical.

As I composed each piece, whether directly in English or directly in French, those languages led me to slightly different outcomes.

Mine is not, of course, a unique proceeding. Vladimir Nabokov, for one, opted at times to write in English first, rather than his native Russian.

Introduction to Of Dust And Chocolate

The emotional depth and polychromatic examination of existence found in these poems are compelling reasons to open this book, but there is much more to reward close reading in these pages. Like all fine work, the poems in Of Dust And Chocolate stand up to multiple readings. Although they reflect the poet's personal experiences, they deal with questions common to all. Sholevar is multilingual and this enriches her poetry's music, which combines consonance and dissonance in surprisingly appropriate modulations. The variety of her subject matter and keen observation of it are more profound for her experiences as an expatriate and immigrant to the United States.

Sholevar's syntax reflects her fluency with languages as different as Persian, German, and English. She addresses the range of human experience in language that is simultaneously realistic and magical. Poems that describe violence and loss like "Of Dust and Chocolate" and "A Bouquet of Sunshine" are balanced by the narrator's love for the world's conundrums and its beauty. As keenly as she perceives the world's cruelty and injustice in poems such as "Of Dust And Chocolate" and "Against Child Labor", the poet frequently reminds the reader of nature's often overlooked wonders. In "Natural Courses", she writes, "The moon left its roundness / and lay flat on the surface of the sky…" The earth, wind and water as well as celestial bodies are animate and perform actions that can be understood both literally and metaphorically.

While autobiography is implicit in this collection, Sholevar includes explicit references to her life that ground the poems in reality. In "Submission" the poet considers various subjects, listing possibilities that reflect her own experiences: "Should I speak up and write about politics…or woes one carries, / left without a homeland?" Near the poem's end, she considers writing, "…about the red-eyed sun, mourning / for the lost lights of the day…" Anthropomorphic depictions such as these are sprinkled throughout Sholevar's poems. They are tools that descend from the great, ancient tradition of Persian poetry that she draws upon as naturally as a painter might manipulate a brush or palette knife to apply pigment.

Sholevar calls herself a poet of sentiments. She writes about despair and loss in "Orphan Geraniums' dedicated to her mother, "And I water her orphan geraniums / that she had planted / with her tremulous hands" while in "Something Like War," we find, "...all interludes of life were stalked by the barbarous death." In poems such as "Like Rivers for Their Seas," Sholevar searches for meaning in life: "I let my thoughts / search for their source / like rivers for their seas." She doesn't consider herself as being from a special place. In "I Am From Where I Am not" (a title derived from an Octavio Armand poem) she notes, "Being here doesn't mean not being there / My dreams and I are not in the same place / and it seems as if / I become someone else in an instant." On the subject of love, her images are full of sentiment without becoming sentimental: "He returns to me like the color rose to cherry blossoms" and "Love above all, like the love for a child."

In many of her poems, Sholevar's narrator inserts lists that examine a subject from many angles and explore both her depths of feeling and the language used to evoke them. In "The Pebble" the poet delineates her reasons for wanting to revisit her homeland:

...to smell yellow roses at the end of my alley
climb up the stairs of my old house...
buy Pepsi and roasted sunflower seeds
from the bad-tempered, cock-eyed grocer
and listen to the street-vendor chanting
"Come people, we have fresh tomatoes,
watermelons, eggplants," and to watch the other vendor
    selling used suits on a donkey-drawn cart.

Her return is disillusioning, however: "Streets were lost, I was lost / new names, new numbers". Her house now belongs to a butcher, her neighbor's son is a political prisoner, "and the street-seller was laid to rest / in the memory of the alley." The narrator tells us of her heartbreak straight-forwardly, with authentic images. Although the subject of the impossibility of recapturing the past is one common to many poets, Sholevar's unique strengths give it new life.

Also common to many poets is a sense of alienation; from day to day living, from one's country, from the world. In Sholevar's work we find a clear-eyed reckoning with this feeling but also the determination to find satisfaction and even pleasure in a reinvented life. "Returning To My Senses" exemplifies this journey of reaffirmation. It begins, "Of all the sorrows / and woes, there was one / that escaped me / and let me slip into / the pit of matters / never attended to." The poem proceeds to a series of redemptive images: "I hesitated no more / took hold of a hand / half raised toward me…" and "…bathed and danced in the growth of / Lotus, flower of life…" A half-raised hand could be either threatening or beckoning and the narrator chooses the risky path of trust, taking hold of it even as she embraces other pleasures: "Love returned me to my senses…" Risk is rewarded and, despite the upheavals and profound losses, there is joy to be found and beauty to behold: "I wake in all the mornings of the world / become the essence of all flights / and every bird becomes me." Finally, hope is always a sparkle in darkness: In "Savior" she writes: "That day will come / when life takes the taste of chocolate/ and death remains under the dust."

David P. Kozinski received the 2018 Established Professional Fellowship for Poetry from the Delaware Division of the Arts. Publications include a full-length collection of his poems, Tripping Over Memorial Day (2017, Kelsay Books) and his chapbook, Loopholes (2009, The Broadkill Press) which won the Dogfish Head Poetry Prize. Kozinski was named Mentor of the Year by Expressive Path, a non-profit organization that fosters youth participation in the arts.

Table des matières

Table of contents

Table des matières

Table of contents

For my daughter Christina

À ma fille Christina

Les graines

Le chaos
une boule de feu
une surface croûteuse
les eaux
les terres et les terres
les graines du temps Paléozoïque
les œufs du premier poisson
qui traversaient les eaux vierges
la première graine en un, en mille et plus

le magicien qui hypnotisait les yeux d'un serpent inquiet
le prophète qui lisait les paroles de Dieu dans le feu
le prophète qui parlait aux montagnes
le panthéiste qui niait la résurrection dans l'immensité du bleu
l'homme qui faisait l'amour entre la terre et les étoiles
l'homme qui criait "Euréka" avec euphorie
le Soufi qui a pris l'envol du vol mystique pour chercher
les tourbillons des hauteurs
l'astronaute qui a décollé
le retour de la lune
le guide qui prenait conseil dans
l'oracle de la déception
le rebelle qui égalisait les idées scientifiques.

Et moi, une graine tombée dans le calice de la naissance
qui était plantée dans la chair de ma mère
et arrosée par l'amour de mon père
je me suis développée en ce que je suis maintenant.

Seeds

Chaos
a fiery ball
crusted surface
waters
lands, lands
seeds
Seeds of Paleozoic times
seeds of the first fish which crossed the virgin waters
the first seed into one
into thousands and more.

Seeds of:
The magician who mesmerized the eyes of the disturbed snake
the prophet who read God's words inside the fire
the prophet who talked to the mountains
the pantheist who denied resurrection in the immensity of blue
the man who made love between earth and stars
the man who shouted eureka with much euphoria
the Sufi who took the mystic flight to find the vertex of heights
the astronaut who learned about the departure and return of the
moon
the leader who misleadingly showed his subjects the perfect
resolution
the rebel who was executed for undressing the lady of mirage
the preacher who took advice from the oracle of deception
the man who equalized scientific ideas.

And I, a guest seed in the calyx of birth
planted in my mother's flower bed
watered by my father's love
grew to be the seed I am now.

Le premier homme

Le premier homme a marché
ne sachant pas où il allait,
ne mesurant pas les
étapes qu'il franchissait;
la pensée n'était pas encore en cours.
Et comme il allait toujours plus loin
ce qu'il était, il ne le savait pas.
Ce qu'il avait vu, il n'a pas reconnu.
La lumière orangée au-dessus de lui,
la douce brise autour de lui, les petites collines devant lui,
la sauge verte et la pomme rouge
qu'il n'avait pas vues avant.
Quand le voile sombre de la nuit
fut accroché devant ses yeux
il a vu une rondeur argentée au-dessus de lui
il est tombé dans la confusion,
la peur s'est glissée dans sa peau
et quand la rondeur orange a chassé l'obscurité
il s'est rendu compte
qu'il y avait quelque chose comme le temps
qui remplissait la distance entre l'obscurité et la lumière.
Il a pris la sauge et l'a goûtée ;
ses pensées se sont déplacées.
Il a pris la pomme et l'a mangée ; ses sens ont bougé.
Quand il a vu un paquet de plumes volantes,
quelque chose a déchiré doucement ses cordes vocales.
Quel était le son, personne ne le sait.
Qui pourrait dire la différence entre
les chagrins du premier homme
et le dernier homme égaré dans l'espace?
Qui pourrait mesurer l'immensité de sa confusion
comme s'il se trouvait seul au seuil de la sagesse?
Qu'est ce qui l'a fait sourire ?
Qu'est ce qui a fait rouler de ses yeux une perle liquide?
Est-ce que c'était un morceau de tristesse
resté au fond de sa gorge?
Le vaste creux reste toujours là
et rien n'est encore déterminé.

The First Man

The first man walked
not knowing where he was going
not measuring the steps he was taking;
thinking was not a process, yet.
And as he roamed farther
what he was he did not know
what he saw he did not recognize.
The tangerine light above him
the gentle breeze around him
the tall piles of soil in front of him
and the green sage and the red apple
he had not seen before.
When the dark veil of night
was hung before his eyes
he saw a silver roundness above him;
he fell into confusion, fear crawled over his skin
and when the orange roundness hunted darkness
he came to the realization that
there was something like Time
which filled the distance between dark and light.
He took the sage and tasted it;
his thoughts moved.
He took the apple and ate it, his senses moved.
When he saw a bundle of flying feathers
something strummed gently on his vocal cords
and sounded as his first uttered word.
Who could tell the difference between
the first man's doubts
and the last man's roaming out of the earth?
who could measure the immensity of his confusion
as he first stood alone on the threshold of wisdom?
What caused his face to stretch in a pleasing way?
What made a liquid pearl roll down his face?
Was it a bundle of sadness pressing on his throat?
The hollow vast is still lying there,
and nothing is determined yet.

Tous les détachés se rattachent

Quand les vents gris soufflent
l'oiseau perd quelques plumes
mais n'arrête pas son vol.

La brindille, détachée, tombe à côté de l'escargot lunaire
en attendant le retour de son cœur des sables lavés.
Les teintes jaunes se glissent dans le caïman orange
en écarlate et en cannelle marron qui
trouvent leur chemin à travers un morceau de bois mort.

Les saisons glissent vers le jade métallique des arbres,
les tons de safran,
les tons gris et brun couvrent la terre.
La terre reste indifférente, mais elle attend.

Seul le bleu monte au-dessus de l'intégrité
de toutes les nuances et reste fidèle
aux hauteurs.
Le détachement de la brindille de l'arbre
est resté dans la mémoire des feuilles,
l'arbre est en deuil
la brindille ne l'est pas.
La lune ne reviendra pas
vers les eaux grimpantes
elle n'a pas de mémoire
de son cœur perdu.

L'eau monte
la coquille reste vide.
L'oiseau va revenir vers les cimes
il a oublié la perte de ses plumes
l'oiseau a une âme.

L'âme de l'oiseau est dans son vol.

All Detached Will Reattach

When grey winds blow
The bird loses a few feathers
but does not stop its flight

The twig, detached, falls beside the moon snail
waiting for its heart to return
from the washed sands.
Yellow tints creep into persimmon orange
into scarlet, and into cinnamon brown which
find their way through a patch of the dead wood.

Seasons slide down into metallic jade of trees,
saffron shades of leaves and brown-grey cover the earth
The earth remains indifferent, but it waits.

Only blue rises above the integrity
of all shades and remains faithful
to the heights.
The detachment of the twig
from the tree
has remained in the memory of leaves,
the tree is in mourning
the twig is not
The moon snail will not return
to high waters
it has no memory
of its lost heart.

The water rises
The shell remains empty.
The bird will return to heights
it has forgotten the loss of its feathers
the bird has a soul.

The soul of the bird is in his flight.

Je reviens à mes sens

De toutes les tristesses et douleurs,
il y en avait une
qui m'a échappée
et m'a laissé glisser dans la profondeur
de ce que je n'avais jamais fait.

Un martin-pêcheur s'est envolé
et s'est posé sur les branches d'un grenadier.

Je n'ai pas hésité à prendre la main
qui se présentait à moi et j'ai regardé
au loin et j'ai vu
comment le vent apaisait les visages brûlés.

J'ai lu pour les aveugles que cette rivière coulait
bleue et verte le long des deux côtés.

Mes yeux qui étaient restés dans
la famine de la lumière
revenaient de la menace de l'obscurité.

J'ai surpris un passant boiteux qui ne sentait
pas sa mort prochaine
et je me suis plongée dans mes profondes pensées.

Je me suis trempée dans ces parfums
de lys et de roses
et j'ai dormi sous la lune séduisante.

J'ai fait seulement ce que je pouvais.
Je me réveille dans tous les matins du monde,
je deviens l'essence de tous les vols
et tous les oiseaux deviennent moi-même.

Returning To My Senses

Of all the sorrows
and suffering, there was one
that escaped me
and let me slip into
the pit of matters
never attended to.

A sea bird flew back
and sat on my pomegranate tree
I hesitated no more
took hold of a hand
half raised towards me
and watched from the farthest window
how winds soothed the
burning leaves

I read to the blind that river ran
blue and green on both sides.
My eyes that had remained in
the famine of the light
returned from the menace of darkness.
I called out to the passer-by who
stood petrified before his death,
returned and soaked my dry thoughts.

I cheered for 'this and that'
bathed and danced in the growth of
Lotus, flower of life
remained under colors without prejudice
and lay proud under the oblivious moon.

Love returned me to my senses
I have done only what I can.
I wake in all the mornings of the world
become the essence of all flights
and every bird becomes me.

Je ne suis pas comme toi

Je ne me sens pas comme toi.
Mes raisons sont différentes,
mes pensées sont contraires aux tiennes
et mes couleurs d'autres teintes.

Partager le ciel bleu n'est pas un soulagement.
Mon esprit peut saisir tout l'univers
avec toute sa population,
ses parfums et ses frontières.

Chercher un jardin dans le désert n'est pas une bonne idée.

Ton chemin est illuminé sous un soleil ancien.
Ta littérature est un mot étranger.
Je ne parle pas comme toi,
je ne fais pas l'amour comme toi,
je ne sens pas le poids de la vie comme toi,
je mesure avec mes yeux,
je n'ai pas le même rapport avec la vie que toi.

Quelquefois, je trouve que la solitude est une mauvaise religion.

Je voyage, je m'installe, je m'adapte
et je fais ce que je peux,
mais il y a toujours une question
au fond de mes yeux
comme dans le fond d'une tasse de café.

Je n'arrose pas les fleurs dans un mirage d'eau.
Je n'attends pas un messager imaginaire comme toi.

Négliger la civilisation est une tradition destructrice.

I Am Not Like You

I do not feel the way they do
my reasons are different
my thoughts far from theirs
and my death is their celebration.

Sharing a blue sky is not a relief.

My mind can hold the whole universe
with all its population, scents, boundaries
and seasons in one single moment!

Searching for a garden in the desert is a bad decision.

Their path is lit under an ancient sun
their literature is in strange words
I measure with my eyes
I do not relate to life like they do

I do not sound like them
I do not love the way they do
they do not carry the weight like I do.

Sometimes I find their loneliness a bad religion.

I travel, settle, adapt and do what I can.
There's always a question
caught in the depth of my eyes
like dregs in a cup of coffee.

I do not pick flowers inside a mirage
water is not my reflector
I do not wait for the messenger like they do

Neglecting civilization is a destructive tradition.

Laissez les enfants

Laissez les enfants grimper aux collines rocheuses de la vie
avant de les lancer dans la vallée de poussière.

Laissez les enfants connaître la joie des forêts luxuriantes
avant d'assombrir leurs chemins en verts ombragés.

Laissez les enfants aspirer au sommet de la musique
avant d'assourdir leurs oreilles dans le silence.

Laissez les enfants chasser les papillons
avant d'enchaîner leurs petites mains.

Laissez les enfants s'éclater dans des chansons
avant de corrompre leurs esprits.

Laissez les enfants toucher la soie de la vie
avant de les égorger avec le rasoir de la mort.

For all men and women
who are somebody's children

Let Children

Let children climb the rocky hills of life
Before you hurl them into the valley of dust.

Let children have the joy of lush forests
Before you darken their green-shaded ways.

Let children aspire to the peaks of music
Before you deafen their ears into silence.

Let children chase butterflies
Before you put them in chains.

Let children burst into songs
Before you adulterate their minds.

Let children touch the precious silk of love
Before you cut their throats with razor edge of oblivion.

Les géraniums orphelins   Pour ma mère

Il est minuit.
Avec les yeux rêveurs,
elle respire aussi fort que le vent
qui souffle sur la lune qui hante au loin.
Un chien hurlant court vers la lune.
J'appelle une ambulance.
Elle arrive et son phare tournant
réveille les géraniums qui semblent
flétris par sa détresse.

Le sommeil est prolongé dans les maisons sombres.
Personne n'ouvre de fenêtre.
Personne ne demande rien.
L'ambulance roule lourdement sur le ciment frais
qui sent comme la mort.
Il me semble qu'elle roule
dans un désert de sable au ralenti.

Ses yeux se tournent vers moi comme si elle me demandait
de rattraper sa vie fuyante.

Il est 3 heures du matin. Le téléphone sonne:
"Il vaut mieux venir à l'hôpital," dit le médecin.
Je me sens vide, comme un ciel dans lequel
toutes les étoiles sont mortes.

Trente jours à l'hôpital.
La mort s'approchait, mais elle s'échappait.
Elle gagnait la bataille.
Elle revenait chez elle.
Mais la mort présomptueuse jouait à cache-cache.
Avec ses cheveux blancs sur l'oreiller et son corps
recouvert sous le drap blanc,
ses yeux ressemblaient à deux lucioles sans la lumière.
Elle a perdu la deuxième bataille contre la mort humiliée,
qui revenait pour se venger.

J'ai arrosé ses géraniums orphelins qu'elle avait plantés
de ses mains tremblantes.
Je suis remplie de toutes les pluies du monde
et j'ai arrosé ses plantes en entendant sa voix.

The Orphan Geraniums   for my mother

It is midnight.
with half-dreaming eyes
she is wheezing as loud as
the haunting wind;
blowing the moon away.
A dog, howling, is running
after the fear-stricken moon.

I dial the three sinister numbers
the ambulance comes
its lights, turning and twisting,
lighten the hydrangeas leaves
awakened by her distress.

Sleep is lying inside dark houses
No one opens a window.
No one asks.
The ambulance rolls heavily
on the fresh asphalt
as if driving through a desert sand.
The fresh tar of the street smells of death.
Her eyes stretch towards me
to keep me at her side.

3: 00 AM. The doctor calls.
 "It's better you come now"
Thirty days of struggle! She wins. Death strides away.
She goes home. She doesn't trust death.
Then, with white hair on a white pillow,
body covered under a white sheet,
my mother's eyes looked like two fireflies
with no lights. She lost the second fight
to a humiliated death that returned, cowardly
sneaked upon her, and blindfolded her life.

I water her orphan geraniums and the quince tree
that she had planted with her tremulous hands.

Mon père

Il arrive du bout des ténèbres,
un homme robuste,
un habitant du vent
avec un éclat de rire que l'on pouvait entendre
de l'autre coin de la ruelle.

C'était lui, mon père
qui chantait des chansons tristes
après avoir bu de la vodka,
qui m'a acheté des dizaines de poupées,
son plat d'oie rôtie parfumait le jardin,
qui exprimait l'affection d'une
façon très particulière,
dont la vigueur était de ne pas craindre
le dogme religieux, mais
de saisir ce que la vie lui offrait
et qui je pensais, survivrait
comme l'Albatros.

Une nuit, quand le clair de lune fermait ses yeux,
il est tombé dans le silence de sa vie
et il est parti de l'autre côté
où le soleil ne se lève jamais
et les questions demeurent toujours des questions.
C'est pour cela qu'il revient dans mes rêves,
passe à travers, faible, mais avec sérénité,
ses yeux au fond des ténèbres, aimant et tendres
mais sans paroles.

Je me demande s'il revient chercher refuge
loin du vide de l'autre bord
pour préserver sa présence en moi
ou peut-être s'il se sent en sécurité dans mes rêves.

My Father

A robust man—
a wind dweller he was, my father
with such laughter
that reached the other side of the wall,
who sang sad songs after a shot of vodka,
bought me dozens of dolls,
whose wild goose dish scented the garden,
who showed affection in his most ambiguous way
whose vigor was not to fear religious dogma
but to catch whatever life threw at him,
who I thought would outlast the wind
like an albatross.
Then, the call of a wild autumn night
summoned him away,
as the melancholic moon shone on his face.
He left for the other side
where the sun never wakes up
and questions always remain questions
Therefore, he returns into my dreams,
passes through, ill-looking, but with serenity
his eyes behind darkness, yet, loving and tender,
but no words uttered.
I wonder if he returns to seek refuge
far from the void
to preserve his presence
or perhaps he feels safe in my dreams.

Au clair de lune

Avant que ses yeux ne soient marqués
de la cicatrice de l'oubli,
avant que ses souvenirs ne soient dispersés
entre territoires infertiles,
il y avait encore quelques instants
qui vacillaient dans ses yeux,
souvenirs des géraniums et du cerisier.

Elle pouvait voir les visages
de son père et de sa mère
avec leurs cheveux argentés
lorsqu'ils étaient si gentils,
quand ils parlaient doucement
et dont les yeux regardaient
à travers les nuages sous la lune pâle.

A cette époque, la vie semblait longue,
la mort était uniquement entre les mains des démons.
Le vent a soufflé blanc entre les cèdres
et la lune cheminait toujours à ses côtés.
Il y avait des jours où
elle semblait contente avec sa poupée
qui avait dormi toute la nuit
et s'était réveillée à l'aube.

Maintenant, le seul moment où elle pouvait
vaguement sentir la présence
de certains familiers, quoiqu'avec des visages flous,
était au retour du clair de lune.

At The Break of Moonlight

Before her eyes were branded
with the scar of oblivion
before her memories were scattered
among infertile territories
there were still some moments
flickering in front of her eyes
remembering geraniums, and her cherry tree.

She could see the faces
of her mother and father
with silver hair
when they were kind
when they spoke softly
whose eyes watched her
through the pearl-hearted clouds.

Those were days when life seemed unending
death was in the hand of demons
wind blew white in cedar trees
and the moon always walked beside her.
Days that she seemed content with a doll
who slept at night and woke up at dawn.

Now, the only time that she can vaguely feel
the presence of some comforting but blurred faces
is at the break of moonlight.

Aussi simple qu'une fleur de grenade

Œdipe a dit une fois: «Je conclus que tout va bien".
Mais je réfléchis. Tout peut être ou ne pas être bien.
Je pense que j'ai un mot profond, caché en moi
tout au fond de mes pensées.

Alors, laissez-moi écrire sur
le saignement des cerises dans les nuages,
les prières chuchotées dans les chapelles,
la maladie et la vieillesse qui se terminent dans un hospice,
les fleurs qui poussent du sol
peut-être de la main de quelqu'un,
les graines qui germent dans l'œil d'un homme mort,
la lune hallucinante et rousse,
la femme qui prédit l'avenir des morts,
le père qui doit payer les balles de fusil
pour recevoir le corps de son fils exécuté.

Laissez-moi vous écrire sur les choses simples, aussi.
Le sourire d'une fleur de grenade,
le safran sous le soleil d'automne,
les rayons de lune glissant sur la rosée,
la chanson jaune du tournesol,
le sang écarlate d'un défenseur tombé pour son pays,
le message sinistre d'un coq à l'aube,
le retour d'une maladie en rémission,
le souvenir de ceux qui émanent
du parfum d'une fleur,
d'un morceau de musique ou d'un rayon de soleil
si grand, si généreux
comme si on avait hérité d'un bout de ciel.

As Simple As A Pomegranate Flower

Oedipus once said: "I conclude that all is well"
But I ponder. All may or may not be well.
I think I have a Big Word, hidden in me
In the blind side of my mind.

Then, let me write about
bleeding cherry blossoms in the clouds
prayers whispered in chapels
illness and old age that rest in hospice
flowers that rise from the ground
maybe from someone's hand
seeds that sprout from a dead man's eye
the hallucinating coppery moon,
the woman who tells dead men's fortune
a father who has to pay for the bullets
to receive the body of his executed son.

Let me write about simple things, too:
the smile of a pomegranate flower
saffron grass under the autumn sun
the moon sleeping inside the dews
the taste of chocolate and wine
the ruby blood of a homeland defender
the sinister message of a rooster at daybreak
the return of a lump to nag you
with the memory of the one who keeps
emerging from the scent of a flower,
a piece of music or a bouquet of sunlight
so grand, so generous
as if you had inherited a piece of the sky.

Lacrimosa

Ils ont jeté des iris blancs sur lui alors qu'il sortait
des ténèbres.
Deux oiseaux bleus ont volé dans ses yeux,
son visage est devenu une prairie.
Il a mis une couronne triomphante sur sa tête,
son corps est devenu une carte d'arbres,
de vallées profondes
et de ruisseaux rouges.
Il a plongé dans la douceur de sa vie,
il avait son bonheur, ses fils et ses filles,
il est devenu ivre et a vu
des fleurs bleues suspendues à une lune de cristal

Ensuite, il a sombré dans la nuit profonde.
Il a commencé à hiberner dans sa tristesse.
Il a écouté le Lacrimosa de Mozart.
Il a dansé sur l'air de la « Marche funèbre d'une marionnette»
et interprété les rêves d'une poupée.
Ses yeux ont montré l'agonie des yeux de moineaux
étranglés par les serres d'un aigle.

La prairie de son visage desséché
et les deux oiseaux bleus échappés de ses yeux.
Ses larmes sont figées dans les espaces de son cerveau.
Il se souvenait des amours mélancoliques
et il se souvenait d'une certaine angoisse.
Quelqu'un lui a dit doucement
de ne pas avoir peur du voyage.
Un oiseau l'accompagnera jusqu'au fond des cieux.

Lacrimosa

They threw white lilies at him
as he wandered out of blackness.
Two jade birds flew into his eyes
his face became a prairie
his body became a map of tall trees
deep valleys and red streams.
He plunged into the ecstasy of love
had joys and offspring
got drunk and saw citrine blossoms
hanging from a sarsaparilla moon.

Then, slowly he sank into the abyss
began to hibernate in sorrow
remembered his melancholic love story
listened to Mozart's Lacrimosa
danced to the "Funeral March of a Marionette"
and interpreted the dreams of a doll.
The agony in his eyes
showed that of a sparrow crushed by a hawk.
The prairie of his face dried
the two blue birds flew out of his eyes
and his tears froze in the labyrinth of his skull.

Someone whispered in his ear
to not fear the journey and
that his words will be heard
between heaven and earth.

«Je suis d'où je ne suis pas"*

Le ciel et l'oiseau sont au même endroit.
Le ciel est vaste, l'oiseau ne l'est pas.
L'oiseau est capable de voler,
le ciel ne peut pas le faire.
La graine, de la taille de l'iris d'un œil
et le cadavre sont au même endroit.
La graine se développe dans l'immensité verte,
le cadavre se rétrécit dans le ventre d'un ver.

Je suis quelqu'un d'un autre continent.
Être ici ne signifie pas ne pas être là.
J'y ai pensé souvent
et j'ai changé de temps en temps.

Mes rêves et moi ne sommes pas au même endroit.
«Je suis d'où je ne suis pas"
et il me semble que je deviens
quelqu'un d'autre en un instant.

L'arbre et moi sommes au même endroit.
J'ai la possibilité de penser.
L'arbre ne le peut pas.
Il pousse, se dessèche et se développe à nouveau.
Je grandis, je m'arrête, je meurs.

* Octavio Armand

"I Am From Where I Am Not" *

The sky and the bird are in the same place
the sky is vast, the bird is not
the bird has the ability to fly
the sky doesn't.
The seed, the size of an eye's iris
and the corpse are in the same place
the seed grows into immensity of green
the corpse shrinks into a worm's belly.

I am someone from somewhere
being here doesn't mean not being there
I've thought frequently
and I've changed occasionally.
My dreams and I are not in the same place
"I am from where I am not",
and it seems as if I become
someone else in an instant.

The tree and I are in the same place.
I have the ability to think
The tree doesn't.
It grows, withers and grows again.
I grow, I stop, I die.

*Octavio Armand

Je vais vous dire où je me trouvais ...

Je l'ai vu sous la pluie
quand la lune brillait généreusement
et ses yeux remplis d'un arc-en-ciel incolore.
Son cœur a grandi vaste comme une prairie.
Je l'ai appelé de mes doigts engourdis,
mais il ne pouvait pas comprendre ma nouvelle langue.
Les clochettes de verre résonnaient dans sa gorge
pendant le temps qu'il portait sa solitude
dans ses paumes profondes.
Les enfants soufflaient sur la lune au loin
et j'ai eu une conversation triste avec les yeux d'un chien.
C'était étrange, il était en train de sombrer
dans les bras du soleil couchant. Puis, il devint
une feuille s'enroulant devant mes yeux.

Une vieille dame apparait sur le seuil du délire
et commence à raconter des histoires
sur les noms gravés sur les tombes d'un ancien cimetière.

Elle murmure: « quelqu'un a scellé mes yeux
avec du plomb et a drainé mon corps ».
J'ai essayé de l'éviter et ai ouvert la porte des ténèbres
avec une plume tombée de l'aile d'un oiseau mort.
Je chantais parmi un millier de voix
dans une salle vide remplie de spectateurs invisibles.

Quelqu'un est venu et a soufflé la nuit au loin,
l'aube se leva d'une goutte de rosée,
deux diamants sont tombés de mes paupières
et j'ai dérivé dans l'éveil, dans une robe blanche.
Je m'étais endormie dans un lit blanc avec un calmant.

I will tell you where I was…..

I saw him under the rain
standing in front of a colorless rainbow
under an ethereal moon!
His heart grew as large as a meadow.
I called out to him with my blue fingers
but he could not understand this new language.
The glass bellflowers sounded through his throat
as he was carrying his loneliness in his deep palms.
Children were blowing the moon away,
and I had a sad conversation with a dog's eyes.
It was strange that he was sinking
with the purple sunset. Suddenly he turned
into a curled leaf before my eyes.

An old lady appeared on the threshold
of delirium and began to tell stories
about the names engraved on the stones
of an ancient cemetery.

She was murmuring: "Someone has sealed my eyes
with lead and has drained my body."
I tried to avoid her and opened the door of darkness
with a feather key dropped from a dead bird's wing.
I was singing in a thousand voices
in an empty auditorium full of invisible spectators.

Someone came and blew the night out,
dawn rose from a dew drop,
two diamonds fell from my eye lids,
and I drifted into wakefulness.

I had slept in a white bed with Lorazepam.

Mesurer mon âge

Mes yeux regardent à travers les âges
et mon sang traverse des siècles.
Je parle à travers les nuits
de grillons silencieux.

Je bois de mes paumes,
tisse des jours avec mes doigts.
Mes rêves d'aube sont plus sensibles
que mes rêves nocturnes
et mon nom plus significatif
que mon prénom.

Je ne sais pas d'où viennent les oiseaux
ni pourquoi ils arrivent ;
peut-être pour voler à travers les saisons.

Je pense qu'il y a beaucoup de chagrin
dans le cœur des fleurs
quand elles sont coupées
et jetées sur les tombeaux.

Je cache ma voix dans un flacon transparent
pour les jours où les mots sont sombres
et ridés dans ma bouche
et mon souffle est souillé par
la marche du temps.

J'attends le moment où
il n'y aura rien pour mesurer mon âge.
La gentillesse et la bonté
sont rarement recherchées dans les dictionnaires.

Measuring my Age

My eyes see through ages
and my blood runs through centuries
I talk through nights
of silent crickets.

I drink from my palms
weave days with my fingers.
My dawn dreams are more sensible
than my night dreams
and my last name more meaningful
than my first.

I don't know where the birds come from
or why they come
perhaps to fly through the seasons.

I think that there is much sorrow
in the hearts of flowers
when they are detached
and thrown onto dead tombs.

I am hiding my voice in a transparent jar
for the days when words are dark,
wrinkled in my mouth
and my breath is rusted by
the staleness of time.
I am waiting for the time when
there is nothing to measure my age.
Kindness and lending a hand
are seldom sought in dictionaries.

La cathédrale de Séville

De tous les endroits que j'ai visité ...
musées, bibliothèques,
ruines historiques, temples
et les demeures des philosophes,
il y en a un qui m'a offert
toutes les promesses du monde:
une église avec ses murs couverts d'or
et une décoration somptueuse
mais encore dans ses profondeurs de simplicité.
Je marchais sous un kaléidoscope de lumières
dans le silence d'un genre surnaturel
inconscient de la place à l'extérieur
où les femmes et les hommes
dansent le flamenco en extase.
En traversant les nombreuses portes,
portes de la conception, de la nativité, du baptême
et de la réconciliation, j'ai ressenti mille mains
qui soulevaient mes épaules fatiguées.
Je me promenais là, portant mon fardeau de douleurs,
tout en glissant dans une sorte d'élévation
et je me sentis aussi léger qu'un cerf-volant lâché dans le ciel.
Je me suis demandé combien d'aveux, de prières,
de plaidoiries sont enfouis dans ces murs ensoleillés
où tant de vies et de décès ont été
célébrés et pleurés.

The Cathedral Of Seville

Of all the places that I have seen—
museums, libraries,
meadows and temples,
philosophers' chambers...
there is one that has offered me
all the promises of the world:
a church with its gold-soaked walls
and lavish decoration
but still contained in its simplicity.
I walked under a kaleidoscope of lights
into an unearthly silence
oblivious to the plaza outside
where women and men
danced flamenco in ecstasy.
I crossed through many thresholds:
Doors of Conception, Nativity, Baptism
and Reconciliation; I felt a thousand hands
lifting my shoulders up from weariness.
I roamed with my bag of sorrows,
yet glided into some sort of elevation,
light as a kite let loose in the sky.
And I wondered how many confessions, prayers,
pleadings too, are trapped inside those sun-drenched walls
where so many lives and deaths have been
celebrated and mourned upon their passing.

Parler à un soldat mort

Tes rêves ont cessé
quelque part entre une balle et le feu.

Quand la mort s'est trouvée à côté de toi,
la lune naufragée a fermé tes yeux
avec une touche argentée.

Nos parfums et nos voix
ne peuvent pas te réveiller;
ton corps est un autel vert
dans le ventre maternel.

On dit que les âmes des bons soldats
bâtissent le toit du ciel.
Tu as combattu une guerre sans cause.
Je n'attends pas de réponse
car tes mots sont incolores
sur une page vierge
mais l'écho de ta voix
reste dans le labyrinthe des oreilles
prêt à t'entendre à nouveau.

Comme Lazare,
tu es ressuscité
dans nos souvenirs.
Ta silhouette vivante
apparaît devant nos yeux
dans la lumière et dans l'obscurité
et t'aimer ne s'arrête qu'après nous.

Speaking To A Dead Soldier

Somewhere between bullets and fire
your dreams stopped.
When death lay beside you,
the captive moon closed your eyes
with a silver touch.

Our scents and voices
cannot awaken you;
your body is a green altar
in the earthworm's abyss.

They say the souls of good soldiers
make the roof of the sky.
You fought a war without a cause.
I do not wait an answer,
for your words are colorless
on a blank page
but the echo of your voice
lingers in the maze of ears
ready to hear you again.

Like Lazarus
you have risen
in our memories.
Your living silhouette
appears before our eyes
in light and in darkness
and loving you stops after we're gone.

Quelque chose comme la guerre

Le garçon et le chien
qui errent parmi les morts
et les blessés
ne prennent pas parti,
ils ne s'inquiètent pas de l'ennemi
à ce moment-là.
L'un d'eux ramasse des morceaux
de chocolat brisés
dans des tas de poussière,
l'autre un os ici et là.

Aucun des deux ne comprend
les fausses promesses.
Aucun des deux ne comprend
une guerre sans cause,
dans laquelle tous les interludes de la vie
ont été suivis par la mort barbare.

Ils ne comprennent pas que
la vie soit pillée par ignorance
la destruction n'est pas le Salut
les arcs-en-ciel ne sont pas colorés de l'intérieur
et la lune ne peut pas voir son reflet argenté.

Something Like War

The boy and the dog
wandering among the dead
and the wounded
do not take sides
they do not care
about the enemy
in that moment
one takes a broken bar of chocolate
the other a bone
neither understands something like
false promises
something like
a war without a cause,
in which all interludes of life
were stalked by the barbarous death.

They can't understand
that life is plundered by unawareness,
self- destruction is no salvation,
and rainbows are not colored inside.

"Jusqu'au feu et à la rose" T.S. Eliot

Jusqu'au feu et à la rose

Il s'est passé
une sorte de métamorphose et les matériaux,
la hauteur et la profondeur
ont reculé dans une autre dimension.
Les vents ont laissé dans les feuilles
des papillons séchés dans leur vol.
Ceux qui n'avaient pas vu les montagnes
ont essayé de grimper et ceux qui étaient au sommet
ont glissé dans les vallées escarpées.
Le dernier homme sur terre s'est accroché
à un univers qui tombait avec sa solitude.
Il a vu son ombre à travers ses larmes
et s'est accroché au pendule de la vie.
Méphistophélès et les anges côte à côte
ont tâtonné à l'intérieur du chaos et ont partagé
leur sommeil avec les bergers et les bêtes.
Les théories mathématiques, centrifuges, métaphysiques
et chimiques sont retournées dans les ères
Paléozoïques et Cénozoïques.
L'ibis, l'oiseau du Pharaon, a survolé
la tour Eiffel et l'Himalaya.
Le geai bleu est assis sur la Pierre de Rosette.
Science et médecine ont été supprimées
de la mémoire de la terre.
Il a plu le feu, un ciel vide s'est accroché au-dessus.
Il a essayé d'attraper la silhouette de l'Aigle
de Zeus pour imiter son vol vers le jardin des balançoires.

Il s'est glissé dans le cadre
du tableau "Le Cri" d'Edvard Munch,
accroché à l'arbre le plus proche
et a crié avec lui jusqu'à ce que
le cri et lui ne deviennent plus qu'un.

"until fire and rose"
T.S. Eliot

Until Fire And Rose

Some kind of metamorphosis
takes place and materials, height and depth
shrink into another dimension
winds remain in the leaves
butterflies dry through their flights
those who had not seen the mountains
try to climb, and the ones who were on the top
slide down to the steep valleys.
The last man on earth hangs
from a falling universe with his solitude
sees his shadow through his tears
and clings to the pendulum of life.
Mephistopheles and angels side by side
grope inside the chaos and shared One Sleep
with the shepherds and the beasts.
Mathematical, centrifugal, metaphysical
and chemical theories retract into
Paleozoic and Cenozoic ages.
Ibis, the Pharaoh's bird flies over
Eiffel Tower and Himalaya.
Blue jade sits on the Rosetta Stone.
Science and medicine
are deleted from the memory of the earth
and the last man's language changes
into foreign languages unknown to him.
It rains fire, a strange sky hangs above.
He tries to catch the silhouette of a mystic bird
to imitate its flight towards the swinging gardens.
He crawls into the frame
of Edvard Munch's "Scream"
hanging from the nearest tree
and screams along with it until
he and the scream become one.

Et je n'ai rien dit

Quand le ciel était bleu
l'oiseau murmurait:
laissez-nous voler vers les hauteurs les plus éloignées
et trouver nos compagnons.

Le poisson murmurait:
laissez-nous nager jusqu'à l'extrémité la plus éloignée
et ressentir l'immensité des eaux.

Le passant fatigué se plaignait :
la voie est longue,
destination inconnue,
laissez-nous suivre les couleurs et les parfums,
boucher nos oreilles aux sirènes trompeuses.
Ne croyons personne, sauf nous.
Nous ne trouverons la vérité qu'en nous-même.

Et moi ?
Je n'ai rien dit.

And I Said Nothing

When blue was the sky
the bird whispered:
let us fly to the farthest heights
and find our mates.

The fish murmured:
let us swim to the farthest end
and experience the immensity
of waters.

The tired passerby complained:

the pathway is long,
destination unknown,
let us follow colors and scents
close our ears to the deceiving sirens
and let no one find the truth but ourselves.

And I?
I said nothing.

L'autre côté du chagrin

Il a trébuché à travers le treillis de l'obscurité
avec le restant d'une étoile dans ses yeux.
Il a dit qu'il venait d'un coin surnaturel
et m'a prévenue des fenêtres fermées sans cadre
derrière lesquelles marchaient des ombres troublées.
J'ai reconnu ma propre ombre, courbée et boiteuse.
Je me suis assise sous un arbre couvert de toiles
d'araignée du poème "The Waste Land".
J'en ai tissé une avec mes lèvres et mes membres.
J'ai rêvé à l'intérieur et j'ai entendu une voix à travers
les cloches rouillées d'un sanctuaire.
"Sauvez votre âme vierge avant qu'elle ne soit volée et torturée "

Quelqu'un a traversé la dentelle du crépuscule
 avec une lumière pure dans ses yeux.
Il a pris ma main et a chanté doucement:
je vais vous montrer comment vivre sans crainte de l'enfer. "
J'ai ignoré son message profond:
"J'ai vu de mes propres yeux la Sibylle de Cumes
accrochée à une cage
et quand les garçons lui ont demandé: "Sibylle, que voulez-vous?"
Elle a répondu: "Je veux mourir." *

Un homme avec le soleil dans ses yeux s'est approché de moi,
un homme qui avait traversé des mers et des montagnes.
Il a enfermé mes yeux dans les siens et a caché la clé,
sorti mon ombre souillée hors de son cadre
et m'a embrassée avec des lèvres au goût de fraises.
Il me semblait que chaque moment avec lui
était un volume complet de ma vie.
Dans un instant de reconnaissance,
j'ai abandonné ma peau sèche
et suis allée de l'autre côté du chagrin.

*Satyricon Petronius

The Other Side of Grief

He stumbled through the lattice of darkness
with the ruins of a star in his eyes.
He said he came from an unearthly corner
and warned me of the closed windows with no frames
behind which marched troubled shadows.
I recognized my own shadow, bent and limping.
I sat under a tree
covered with cobwebs of "The Waste Land",
wove one with my lips and limbs and dreamed inside it.
I heard a voice through the rusted bells of a shrine
"Save yourself before your virgin soul
is stolen and tortured."

Someone walked through the lace of twilight
 with pure light in his eyes.
He took my hand and softly sang:
I'll show you how to live with no fear of inferno."
I ignored his profound message:
"I saw with my own eyes
the Sibyl at Cumae hanging in a cage,
and when the boys said to her:
"Sibyl, what do you want?"
she answered: "I want to die." *

A man with sunrise in his eyes approached me,
A man who had voyaged through seas, and hills.
He locked my eyes into his and threw the key away,
pulled my limping shadow out of its frame,
and kissed me with lips the taste of strawberries.
It appeared to me that every moment with him
was a full volume of my lifetime.
In a grateful instant I left my stale skin
and stepped into the other side of grief.

*Satyricon Petronius

Suivons l'amour

Laissez-moi vous emmener au pré des sages
pour écouter l'appel du sage
et apprendre à nous libérer
des chaînes des siècles passés.

Ne craignons pas les flammes
de l'enfer de Dante, ni les rêves
qui finissent par des chagrins.

Laissez-nous voir le paradis de Milton retrouvé,
boucher nos oreilles aux sirènes qui n'offrent que la mort,
croître au milieu des pierres et devenir fort,
rouler le rocher du haut en bas de la pente
et chercher un sens dans l'appel de la nature.

Laissez-moi vous emmener quelque part
où la couleur de l'homme n'est pas une question,
la lune n'est jamais absente,
les mères ne pleurent pas leurs fils tombés,
tandis que les pères frappent leurs tombes.
Quelque part où vous pouvez dormir
lorsque vous êtes éveillés
et rester éveillés pendant le sommeil,
où le coucher et le lever du soleil
émergent côte à côte,
où personne ne demande conseil aux morts
et où les anges ne seront pas affligés.

N'allons pas
grimper sur un arbre sans feuilles,
vendre nos âmes à Méphistophélès
ou suivre l'aigle cruel
qui écrase l'innocent avec ses griffes.
Ne nous cachons pas dans le cheval de Troie
pour gagner nos batailles.
Suivons l'amour plutôt que la haine.

Let's Follow Love

Let me take you to the meadow of sages
to listen to the call of the wise man
and learn how to free ourselves
from the chains of centuries past.

Let us not fear the flames
of Dante's inferno, nor dreams ending in sorrows.

Let us roam in Milton's Paradise Regained
close our ears to sirens that offer nothing but death
grow amid the stones and become firm,
roll the hard rock up and down the hill
and look for meaning in the call of nature.

Let me take you somewhere,
where the color of man is not a question
the moon is never absent
mothers do not weep for their fallen sons
while fathers pound on their graves.
Somewhere you can sleep while awake
and be awake while asleep,
where sunset and sunrise emerge side by side
where no one asks the dead for advice
and angels are not grief-stricken.

Let us not
climb a leafless tree,
sell our souls to Mephistopheles
or follow the cruel eagle
who crushes the innocent with his claws.
Let us not hide in the Trojan horse to win our battles.

Sans-abri

Il s'appelait Harvey,
grand et mince il était,
ses yeux portaient deux iris bleus
et sa barbe rousse-grise
était le nid d'un oiseau solaire.

On lui a dit qu'il était né dans un bar,
élevé parmi les bouteilles et les cigares,
battu régulièrement,
il a trouvé ses plaies tout à fait ordinaires
et le hurlement d'un chien lointain était sa berceuse.

Il s'est enfui à l'âge de 14 ans et s'est logé sous un pont
qui s'accroupissait comme un serpent malade
sur un ruisseau sec.
Il possédait une chaise de laquelle
il regardait la tristesse d'une demi-lune.
Il tâtonnait pour manger dans la poubelle.
Quand les anges de la miséricorde
lui ont offert de la nourriture et des vêtements
d'une église voisine,
il les a remerciés et s'en est allé.

Harvey n'a jamais porté de bottes de guerre.
Mais il portait des bottes de ses propres batailles.
Ses parents n'entrent jamais dans ses rêves.
Il se souvient vaguement de ses frères et sœurs.
Quand les épines de la vieillesse et de la maladie
ont brisé son corps, il a accepté le lit chaud
d'un foyer de soins infirmiers,
a demandé peu, mais a reçu beaucoup.
Un matin froid, au crépuscule, un merle noir
sifflait à l'extérieur de sa fenêtre.
Son visage s'était noyé dans ses propres larmes.
Il connaissait la chanson.
"Dieu m'a annulé", il a murmuré. Son enterrement fut gratuit
et un cyprès a poussé sur sa tombe.

Homeless

Harvey was his name
tall and slim he was
his eyes wore two blue irises
and his red-gray beard was the nest of a sun bird.

He was told he was born in a bar
raised among bottles, and cigars
beaten up regularly, he found his bruises quite ordinary
and the howl of a far-away dog was his lullaby.

He took off at 14 and lodged under a bridge
that crouched like a sick snake over a dry creek.
He owned a chair in which
he watched the sorrows of a half moon.

He groped for food in the trash. When Angels of Mercy
offered him food and clothes from a nearby church
he would thank and walk away.

Harvey never wore boots of war. But he wore boots
of his own battles.
His father and mother never entered his dreams.
He could vaguely remember his siblings.
When thorns of old age and illness bruised his body,
he accepted the warm bed of a nursing home
asked for a little, but got the most.

A cold morning, at dusk, a blackbird sang outside his window
His face drowned in his own tears. He knew the song.
"God has canceled me," he murmured.
His funeral services were donated
and a weeping willow tree grew over his grave.

> Je vais vous montrer la peur
> dans une poignée de poussière—T. S. Eliot

Les appels d'un moment

Soudainement il est là, avec des yeux limpides,
debout sous un ciel plus bleu et plus lointain,
avec l'innocence des oiseaux autour de lui,
mais sans les mots sur ses lèvres.

Il est venu de la terre, dans la poussière
où les arcs-en-ciel sont incolores
et le soleil est une couronne de charbon.
Je m'approche lentement de lui.
Il pointe sa montre de ses doigts.
Elle s'est arrêtée à une heure incertaine.
Il marche en arrière.

Je ramasse des livres
qui sont traités respectueusement.
Je cherche des mots et des explications,
mais ces mots anciens
sont-ils dignes d'être questionnés au présent ?
Peut-on puiser l'eau dans des terres sèches ?
Je soupire. Je suis assise sous un arbre sombre
et je tisse des fleurs aux taches d'un bleu brumeux.
Les grillons chantent la chanson d'une soirée féérique.

Je pense que je peux vivre sans Dieu,
mais parfois Dieu me fait peur.

Il est toujours là, mais quelque chose l'attire au loin.
Je le suis. Il marche en arrière, puis en avant.
L'obscurité coule sur ma peau
comme des gouttes froides d'encre noire.
Je crie de ma bouche fermée.
Mes yeux sont morts.
Je regarde comment un inconnu
les enterre derrière la fenêtre.

I'll show you fear
in a handful of dust—T.S. Eliot

When A Moment Calls

Suddenly he is there with limpid eyes
standing under an arch of halos
with innocence of birds around him
and a Speech without Words on his lips.
He has come from the land of dust
where rainbows do not make a bow
and the sun is a charcoal wreath.

I approach him in slow motion.
He points to his watch with hands
stopped at an uncertain time.
He moves backwards.

I pick up books that are handled with respect.
I look for words and explanations,
but are the ancient words
worthy of application now?
Can one dig for water in thirsty lands?
I sigh. I sit under a dark tree
and weave flowers with patches of a blue fog.
The crickets are singing the song of a mysterious evening.

I think I can live without God,
but sometimes God scares me.

He is still there, but something pulls him away.
I follow him. He walks backwards.
Darkness drips on my skin like cold drops of black ink.
I cry out with closed mouth.
My eyes are dead.
I watch how a stranger buries them behind the window.

Les anges chuchoteurs

Écoutez-moi, vous les dormeurs,
qui vous êtes abrités sous les mers de poussière
où vos rêves bouchés
sont conservés dans une boîte scellée pour continuer
jusqu'à la chute de l'étoile la plus lointaine.

L'armée des ombres ne peut plus vous faire peur,
se faufiler derrière vous ou marcher en face de vous
parce que les anges, à l'intérieur du jardin de tombes,
veillent toujours sur vos espoirs morts
et l'innocence de la croix
lance le pardon sur vos tombes.

Bien que l'horloge recule
là où vous accueillez vos proches avec douleur,
vos présences nous suivent
à travers les saisons qui passent,
les temps de verdure et le temps évanoui.

Vous serez entendus, poèmes des ombres du soir
et messages des colombes blanches.

Il est si bon que vous n'ayez pas emporté vos voix avec vous.
Il est si bon que vous ayez laissé votre bonté pour nous.

Vos noms, dates de naissances et de décès
sur ces tombes grises
sont des pages de livres
à lire aussi longtemps que
le bleu s'attardera dans le ciel.

The Whispering Angels

Hear me, sleeping ones
who have sheltered under seas of dust
where your stopped-up dreams
are kept in sealed boxes to continue
till the fall of the farthest star.

The army of shadows can no longer frighten you
sneak behind you or march in front of you
for the whispering angels inside the garden of stones
always keep a vigil over your dead hopes
and the innocence of the cross
casts forgiveness upon your grave.

Although the clock moves backwards
where you welcome your loved ones with sorrow
your presence follows us
through the passing seasons,
times of green and times of yellow.

You will be heard in the flow of waters
poems of the evening shadows
and the messages of the white doves.

It is so good that you have not taken your voice with you.
It is so good that you have left your kindness behind.

Your names, dates of births and deaths
on those gray stones
are pages of books
to be read as long as
the blue lingers in the sky.

"Contre le travail des enfants"

Le 14 octobre 2006, j'ai lu
dans un journal que les Indes
interdisaient le travail des enfants contre la volonté
d'un enfant de dix ans, avec des petites mains,
les yeux trop distraits pour montrer la tristesse,
trop myope pour voir de loin,
avec dix ans sous le même soleil.
Il avait perdu son père, au même endroit.
Le chagrin n'était pas une option
mais la survie l'était.
Il servait des verres de thé chaud,
thé épicé à la menthe, à la cannelle,
aux pommes rouges sauvages et à la cardamome.
Sa peau était de la couleur des olives et ses yeux
de la couleur des amandes séchées.
Il envoyait de l'argent en Inde du Sud à sa famille.
Tous ses frères et sœurs étaient nés au hasard
et avaient été enregistrés sous de fausses dates de naissance,
peut-être sous l'identité d'une sœur morte
ou d'un frère pour économiser les frais.
Un autre garçon de neuf ans nettoyait les tables
de bois sombre. Son frère était en train de
mourir de tuberculose, à force de respirer
la fibre de laine, en tissant des tapis pour les maîtres
riches aux dentures en or
et dont les enfants méprisent ceux qui sont pauvres.
Quel grand écart entre leur détresse
et les chagrins des enfants de la rue.

"Ils ne pourraient pas survivre s'ils ne travaillaient pas
et si l'interdiction du travail des enfants était appliquée
la faim dévorerait les enfants de la rue
et ils mourraient
sans enterrement approprié, "
a déclaré un habitant de la rue.

"Against Child Labor"

On October 14, 2006 read
in the Philadelphia Inquirer that India
placed bans on child labor against the will
of a ten-year old child, with small hands,
eyes too distracted to show sadness,
too short-sighted to see far,
with ten years of age under the same sun,
he had lost his father, at the same spot,
where sorrow was not a question
but survival was.
He served glasses of piping hot tea,
spiced tea with mint, cinnamon,
wild red apples, and cardamom.
His skin was the color of olives and his eyes
the color of dried almond.
He sent money to South India to his family,
all siblings were conceived haphazardly
and were registered under the wrong dates of birth,
maybe a dead sister's or brother's ID to save expenses.
Another nine year-old cleared dishes
from grim wooden tables, whose brother
was dying of tuberculosis, breathing wool fiber
weaving carpets for the stinking golden-toothed masters,
whose children looked down on them for being poor
What a big gap between their worries
and the sorrows of the street children.

"They wouldn't be able to survive if they didn't work
and if the ban against child labor is enforced
hunger would devour the street- children
and they would be gone
without a proper burial," said a street dweller.

Grand'mère

Nous avons tous appelé notre voisine grand'mère.
Elle était petite et mince,
avait de longs cheveux fins et portait
des bracelets dorés hérités de sa mère.
Malgré son travail acharné à la maison
et un mari âgé de 25 ans de plus qu'elle,
elle continuait de sourire et de prier.

Le ventre de la grand-mère grossissait chaque année
avec la montée de la pleine lune
et elle accouchait de bébés dont
quelques-uns survivaient.

Son mari, que nous appelions grand-père,
était grand et gros.
Une fois nous l'avons surpris sur la grand'mère
et pensions qu'il allait lui briser les os.
Ses os ne s'étaient pas brisés, mais elle
devenait plus lasse jour après jour
et était toujours enceinte.
Nous pensions qu'elle ressemblait à un abricot sec
avec un gros noyau au milieu de son ventre
et nous avons ri bêtement.

Quand il est mort, elle a porté le deuil en tous temps,
a coupé ses cheveux et mis du rouge à lèvres.
Nous pouvions la voir avec un ventre plat pour la première fois.

Le vendredi, elle allait sur la tombe du grand-père,
apportant des dates douces et du halva, comme c'était la coutume
pour les femmes pauvres et leurs enfants affamés.

Grandma

We all called our neighbor grandma.
She was small and slim
had long, thin hair and wore
golden bracelets inherited from her mother.
Despite the hard work at home,
and a husband 25 years older
she kept on smiling and praying.

Grandma's belly grew every year
with the rise of the full moon
and she delivered babies, out of whom
a few survived.

Her husband, whom we called grandpa,
was big and heavy.
Once we caught him on top of grandma
and thought he would break her bones.
Her bones didn't break, instead, she
became more haggard day by day,
still carrying babies.
We thought she looked like a shrinking apricot
with a big stone in the middle of her belly
and we would giggle.

When he died she wore black at all times,
cut her hair and put lipstick on.
We saw her with a flat belly for the first time.

On Fridays, she would visit grandpa's grave
taking sweet dates and Halva, as customary,
for the poor women and their children
to scavenge the offerings.

Grand-père

Le grand-père nous a surpris
avec une photo en noir et blanc
prise sur le lit de mort de la grand-mère, à l'aube,
avec son menton enveloppé dans un linge blanc
jusqu'à ses oreilles. L'horloge s'était arrêtée à 8h30.

Selon la légende dans la famille, elle
s'était noyée dans ses larmes
après que son fils de 11 ans ait bu
la potion d'or de grand-père
et en soit mort instantanément.

Nous n'avions jamais vu la couleur de ses yeux
et le grand-père ne pouvait pas se rappeler non plus.

Mince comme un clou, il avait un sourire hésitant,
sentait la cigarette et ses yeux châtains
et son froncement de sourcils lui donnaient
un air distingué d'une manière étrange.

Il n'a jamais parlé à Dieu de la mort de son fils,
mais parfois après une longue période d'un silence pénible,
il hurlait et pleurait comme un chien blessé.

Par une journée chaude et ensoleillée,
lorsque les chèvrefeuilles ont escaladé
la clôture et ont versé leur parfum
sur son visage, il a remonté l'horloge.

Puis, un jour, il a mis une chemise blanche,
il a effacé son froncement de sourcil
fumant sa cigarette, prenant un verre de vodka à la cerise
et il s'est assis sur le porche et a échangé un regard coquet
avec la veuve du voisin qui se coiffait à la fenêtre.

Grandpa

Grandpa surprised us
with a black and white photo
taken at Grandma's death bed at dawn
with her chin wrapped in a white cloth
up to her ears. The clock showed 8:30.
Family legend has it that she drowned in her tears
when her 11 year- old son drank
grandpa's magical gold potion and died instantly.

We had never seen the color of her eyes
and grandpa could not recall it exactly, either;
"I can say that it reflected the shades of spring
forests and yellow fields!"

Grandpa, thin as a stick, had a hesitant smile,
smelled of cheap cigarettes, his sharp brown eyes
and graceful frown made him look
distinguished in a strange way.
On Fridays he visited the neighborhood widows
with a box of strawberry chocolates.
He never talked to God, but sometimes after a long,
doleful silence he'd bend and whine like a wounded dog.

Grandpa, not as cold as we thought,
didn't rewind the clock for a day or two.
But on a warm sunny day, when honeysuckles
climbed up the fence and poured their scent
over his face, he rewound the clock.

Then, one day he put on a white shirt, relaxed his frown
smoked his cheap cigarette, poured a glass of cherry vodka, sat
on the porch and exchanged mischievous eye contact
with the neighbor's widow
who was combing her hair at the window.

De poussière et chocolat

Sa poitrine enveloppée d'une gaze blanche
qui scintille comme de l'argent
sous la lune des chasseurs.
Ses pieds nus égratignés et brûlés
par les explosifs dispersés.

Personne de son sang n'est vivant pour lui dire
que faire ni où aller.
Personne pour l'embrasser,
lui donner une tablette de chocolat
et l'emmener dans une maison qu'il connaisse.
Son sourire marqué par la torture
révèle des gencives en sang
qui mâchent du pain moisi.
Vivra-t-il assez longtemps
pour voir des barres de chocolat tomber
de l'hélicoptère de la Croix-Rouge ?

Je le vois faire signe à la caméra,
escalader des cadavres et
me regardant avec des questions trempées de ses larmes.
Il ne reconnaît pas les mourants.
Certains bougent encore, murmurant dans leur langue.
Il a oublié comment prier et faire appel à Dieu.
Il affûte ses oreilles
pour entendre l'appel de sa mère
qui est couchée entre
poussière et le chocolat.

Il semble que les lucioles
allument des bougies sur des tombes ouvertes.

Of Dust and Chocolate

His chest wrapped in white gauze
shimmers silvery
under the hunting moon
and his bare feet scratched and burned
by the scattered explosives.

No one of his blood lives to tell him
what to do or where to go.
No one to caress him
hand him a bar of chocolate
and take him to a familiar home.
His torture-stricken smile
shows bleeding gums
chewing on moldy bread.
Would he live long enough
to see chocolate bars thrown
from the Red Cross helicopter?

I see him waving at the camera,
climbing over corpses
looking at me with questions
drenched in his tears.
He does not recognize the dying ones.
Some are still moving,
whispering in his language.
He has forgotten how to pray and call on God.
He sharpens his ears
to hear his mother's call
lying between
dust and bleeding chocolates.

It seems as if fireflies
are lighting candles on open graves.

Toutes ces choses

Dialogues entre le sable et le vent discret,
querelles entre les pissenlits et les épines,
des oiseaux qui pleurent sur leurs ailes cassées,
des prières qui surprennent les pèlerins,
des yeux qui captent le langage des muets,
de la confusion dans les montagnes,
du mépris des hommes du sommet
envers ceux qui sont dans les vallées.

Larmes des nuages blessés par des grêlons durs,
des bébés affamés par des seins asséchés,
de vieilles femmes qui pleurent dans des caves humides.
Les cris des animaux torturés,
la danse au son du langage des sourds,
des yeux qui captent une langue muette.

Réconciliation de Simon Pétrus avec le coq,
naissance de l'arc-en-ciel dans les yeux des aveugles,
intrigue entre la fleur parfumée et l'abeille passionnée,
mort de la nuit sous la lumière de l'aube.

Of All The Things ...

Dialogues between sands and gentle winds
quarrels between dandelions and thorns
birds who weep for their silent wings
prayers that bewilder the pilgrims
eyes that speak the language of the mute
confusion in the mountains
contempt between men on summits
and men in valleys
tears of torn clouds after hail
starving babies under shrunken breasts
sobbing old women in damp cellars
the scream of butchered animals
dancing of the deaf to the rhythm of signs
reconciliation of Peter with the rooster
intrigue between scented flowers and curious bees
glowing fireflies under the wings of dusk
birth of the rainbow to color-blind eyes
and the growth of daffodils in virgins gardens!

Une carte postale

Tu ne vas pas croire, ce qui se passe ici!
Il n'y a pas de ciel,
seulement la lune et les étoiles
et les nuits ne sont pas silencieuses.
Les eaux sont turquoises
le paysage est de rêve.
Les rayons de soleil
se promènent dans nos cheveux
et la lune mystique éveille nos passions endormies.

La nourriture est exotique ;
les aubergines frites sont épicées à la menthe,
au basilique, aux tomates et au safran.
Les odeurs de jardin montent jusqu'à nous.
Beaucoup à voir
et à retenir!

Sauf pour les routes:
les cadavres bloquent notre chemin
et leur puanteur reste avec nous.
Je ne peux pas oublier l'enfant
qui voulait réveiller sa mère
parmi les morts.

Les yeux qui cherchent
et les voix gémissantes,
le sourire triste d'un orphelin
et des parties de corps dispersés
dans les prairies jaunes
me suivent
partout où je vais.

À bientôt,
ton amie

A Post Card

You won't believe what's happening here!
There's no sky, only moon and stars,
nights are not silent,
waters are turquoise,
scenery is dream-like,
the sunlight roams in our hair,
and the mystic moon
awakens our sleeping passions.

Food is exotic; fried eggplants spiced with mint,
basil, tomatoes and saffron
The scent of garden climbs up our faces.
A lot to see and remember.

Except for the roads:
corpses block our way and their stench stays with us.
I can't forget the child trying to wake her dead mother

Searching eyes,
moaning voices,
the sad smile of an orphan child,
and scattered body parts in the yellow meadows
travel with me
where ever I go.

See you later,
Your friend

Pour mon frère Farhad

Les papillons de notre enfance

Au long du voyage de mes yeux
sur les ailes des papillons bleus et oranges,
à travers des champs vastes de tulipes rouges et sauvages
autour des charrues d'été et des moulins à vent
sur les routes poussiéreuses de la montagne de Darband,
j'entre dans la ville de notre enfance intacte
avec des murs de soleil ambre, lumière de lune azur
et des étoiles indigo à la portée de nos mains.

Toi, à l'âge de 2 ans,
à un bout d'un jeu de bascule
et moi à 10 ans de l'autre côté,
toujours basculant de haut en bas,
inquiets et anxieux tout à la fois,
mais riant et nous sentant en sécurité tout de même.

Maintenant, nous sommes séparés,
mais les papillons portent toujours
la couleur de notre enfance sur leurs ailes.

L'odeur des lilas monte à nos fenêtres ouvertes
comme la brise du printemps
touche gracieusement ma peau.
Je me souviens encore de la lune curieuse
se glissant devant notre fenêtre
pour m'écouter chanter des berceuses.

For my brother Farhad

Our Childhood Butterflies

Along the voyage of my eyes
over the wings of blue and tangerine butterflies
through endless fields of tulips, red and wild
around summer plows and autumn windmills
on dusty roads of Darband Mountains
I enter the city of our untouched childhood
with walls of amber sun, turquoise moonlight
and indigo stars within reach of our hands.

You, at two years of age,
on one end of the see-saw
and I ten years of age at the other
still swinging up and down,
fretting and worrying together,
yet laughing and feeling safe.

Now we are apart,
but butterflies still carry
the color of our childhood,
and the scent of the purple lilacs
climb up the windows
where the curious moon
paused to hear me
singing lullabies for you.

Le galet

C'était un galet, pas du rivage
ni des collines de sable,
mais un galet de nostalgie, là, dans ma gorge
coincé sur mes cordes vocales.
Je voulais revenir marcher sur mon chemin,
boire du thé sous la tonnelle de roses jaunes
et flirter avec le fils de notre voisin.
Je voulais revenir descendre l'escalier,
acheter une boisson et des graines grillées de tournesol
chez l'épicier aux yeux louches et
au regard fuyant.
Je voulais me pencher au balcon,
regarder les passants bruyants,
les vendeurs de la rue crier en chantonnant :
"venez mes amis. Voilà des tomates, des aubergines
et de la pastèque des verts pâturages."
Et l'autre vendeur qui vendait des vêtements usagés
sur une charrette tirée par un âne.
Alors, je me suis retournée.
Les rues avaient changé d'apparence.
Partout je voyais de nouveaux noms et numéros.
J'étais perdue.
Le fils du voisin, maintenant jeune homme,
était prisonnier politique
et les festivals étaient interdits.
Le vendeur de la rue est demeuré
dans la mémoire de cette allée.
La liberté, c'était des murmures sous des lèvres endormies.
Je ne pouvais pas laisser tomber mes cheveux flottants au soleil.
Je suis devenue aussi petite qu'une ombre miniature,
comme le point final d'une phrase.
Je devais me couvrir d'une écharpe épaisse
aussi noire que la nuit devant moi.
Je suis revenue, je ne peux que me souvenir du passé.
Le galet reste.

The Pebble

It was a pebble, not of the seashore
or the skirt of sand hills
but of nostalgia-there- in my throat
stuck on my vocal cords.
I wanted to go back
to smell yellow roses at the end of my alley
climb up the stairs of my old house
sit at the window and exchange
 innocent eye contact with the neighbor's boy.
I wanted to go back, run down the steps
buy Pepsi and roasted sun-flower seeds
from the bad-tempered, cock-eyed grocer
and listen to the street-vendor chanting
 "Come people, we have fresh tomatoes,
watermelons, eggplants" and to watch the other vendor
selling used suits on a donkey-drawn cart.
So, I did go back.
Streets were lost, I was lost.
New names, new numbers
my old house was a butcher's house.
Neighbor's son was a political prisoner
and the street-seller was laid to rest
in the memory of the alley.
Freedom was a whisper under sleeping lips
martyrdom paved the road to paradise.
Festivity was banned.
I could not let my hair down in the sun.
I became a miniature shadow
like a period at the end of a sentence
and had to cover myself
under a veil as thick as the night
limping in front of me.
I've come back, dragging the past along with me

The pebble remains.

Un bouquet de soleil

Parfois, je tombe dans la frénésie des instances
et dit les choses comme je les vois.
Des pensées indisciplinées sautent de haut en bas
comme un cheval sauvage dans un cercle fermé.
Si vous voulez savoir à quoi la bonté ressemble,
observez les yeux d'un chien.

Dans un village, ils prient pour une riche moisson
offrant des lys rouges.
Dans la ville, ils offrent des prières
pour les cadavres gisant dans une ruelle.
Avez-vous déjà dit 'je suis désolé' à une fleur
lorsque vous coupez sa tige ?
J'entends un homme de l'autre côté
qui veut savoir ce que l'obscurité signifie ?
Cette vieille prairie a oublié
de se transformer en vert et est restée jaune.

Ceux qui n'ont pas entendu le cri du poisson
ou le soupir d'une fleur, ont vécu une vie inerte.
La vieille dame tient une lanterne orange
sur la rizière quand le soleil sommeille encore.
Les grappes de la nuit sont suspendues au ciel
et la langue des ténèbres
réside dans l'alphabet des grillons.

Cet été, les papillons ne danseront pas
sur les boutons des fleurs,
hélas, quelqu'un les a séchés entre les pages d'un livre.
Une fleur de lys prise dans une toile d'araignée
perd sa forme et son parfum.
Moi aussi, je suis prise dans la toile de mon âge.
J'apprends du ciel à maintenir ma tête haute,
l'innocence des colombes blanches m'étreint.
Mais parfois, je me vois comme un appât
sur l'hameçon du grand pêcheur.
Ensuite, l'amour devient un bouquet de soleil
que je porte en moi en tous temps.

A Bouquet of Sunshine

Sometimes I fall into the frenzy of instances
and say things, as I see.
Unruly thoughts hop up and down
like untamed horses in a closed circle.
If you want to know what kindness means
Look into the eyes of a dog.

In a village they pray for a rich harvest
offering red spider lilies.
In a city they offer prayers
for the corpses lying in an alley.
Do you ever say sorry to a flower
when you slash its stem?
I hear a man on the other side
who wants to know what darkness is about.
That old meadow has forgotten
to turn green, and is lingering in yellow.

Those who have not heard a fish cry
or a flower sigh have lived a life with no existence.
The old lady holds an orange lantern
over the rice field when the sun sleeps long.
The clusters of the night are hanging from the sky,
and the language of darkness
lies in the alphabet of crickets.

This summer butterflies
are not dancing on flower buds,
alas, someone has dried them
between the pages of his book.
A lily caught in a cobweb loses its shape and scent.
I, too, am caught in the web of old age.
I learn from the sky and hold my head high,
The innocence of white doves embrace my being.
And sometimes I see myself as bait
on the hook of the Big Fisherman.
Then, love becomes a bouquet of sunshine
that I carry with me at all times.

Nunu, le Husky sibérien

Dans ses yeux, il porte
des rivières bleues,
des prairies vertes,
des champs jaunes de tournesols
et des océans d'amour profond.

Il s'appelle Newton,
un Husky noir et blanc dont le cœur
est aussi vaste que le ciel.

Son amour est le feu de joie dans un domaine enneigé
et son souffle chaud contient la brise du printemps.
Il hurle et sérénade à la pleine lune,
respire des fleurs parfumées
et étend ses pattes pour saluer les papillons.

Quand il souffre, il pleure en silence
et demande de ses yeux un remède.
Quand je suis allongée souffrante
Je vois le reflet de ma tristesse dans ses yeux.

Mon husky roule, saute et creuse dans la neige,
regarde les étoiles,
dévore les vents froids et forts,
et court après la lune ludique.

Il avale ma colère
et remue sa majestueuse queue.
Lui et moi avons beaucoup de conversations
et c'est lui qui tient le ciel au-dessus de ma tête.

Alors, c'est pour ça que je l'aime.
Je l'aime tant.

Nunu, The Siberian Husky

In his eyes he carries
sky-blue rivers
and a love as warm as
a thousand suns.

 Newton is his name
a black and white husky whose heart
is as vast as the sky.

His love is the bonfire in a snow-covered field
and his warm breath contains the early spring breeze.
He howls and serenades the full moon,
smells scented flowers,
and stretches his paws to greet the butterflies.

When in pain, he cries silently
and begs with his eyes for a remedy.
When I lay in pain
I can see the reflection of my sadness in his eyes.

My husky rolls, jumps and digs in the snow,
watches the stars,
devours the cold, high winds,
and runs after the playful moon.

He swallows my anger,
and wags his majestic tail.
He and I have many conversations,
and it's he, who holds the sky above my head.

So I love him.
I love him so

Significations accidentelles ?

Quand je m'allonge sur un canapé,
vautrée comme un chien,
tous mes membres et mes sens
deviennent des questions:
ce qui se trouve là,
après un long sommeil interrompu,
est-ce le même sommeil, seul, continu
ailleurs, pas ici, même pas là?

Est-ce là où les montagnes rétrécissent,
où les yeux des prairies sont fermés,
où les yeux peuvent boire l'eau ?
Peut-être, est-il est très proche, de mon côté aveugle
ou est-ce sous le soleil bohémien ?
Peut-être à un endroit où les oiseaux pratiquent
leur religion dans les arbres.
Je me demande si la vérité se trouve
dans les bras de Bouddha,
dans la résolution de la relativité d'Einstein,
dans la théorie de Darwin sur la
'descendance avec modification'
ou dans le renoncement de Freud à l'instinct ?
Ou est-ce à travers les paroles de l'Homme
qui marchait sur les eaux,
l'Homme qui a entendu les messages
dans les montagnes ou peut-être l'Homme qui a lu
les commandements écrits dans le feu ?

Est-ce là d'où personne n'est jamais revenu
ou quelque part où règne seulement la logique ?
Ou est-ce sur la colline où Sisyphe roule son rocher
du haut en bas de la pente à travers l'éternité ?

Accidental Meanings?

As I lie on the couch, lazing like a dog
all my limbs and senses become questions:

What happens after a long interrupted sleep?
Is it the same sleep, only continuous,
somewhere else, not here, not even there?

Is it where the mountains shrink
the green eyes of meadows are closed
where one's eyes can drink water;
maybe it's very close, on my blind side
or is it under the gypsy sun?
Perhaps some place where birds practice
their religion in the trees.

I wonder if it lies in Buddha's arms,
Einstein's resolution of relativity
Darwin's theory of 'descent with modification'
Or Freud's renunciation of instinct?

Is it inclined through the words of the Man
who walked on the waters,
the Man who heard messages in the mountains
or maybe the Man who read
commandments written with fire ?

Is it where no one has ever returned from,
or somewhere that only logic reigns,
or is it on the hill, where Sisyphus rolled the heavy rock
up and down the hill through eternity?

En se promenant à côté de la nuit

Je suis assise devant la lune,
une lune hallucinante, bleu ardoise
avec ta voix qui s'étire
jusqu'au fond de la nuit profonde.

Je me promène aux côtés de la nuit,
je me promène derrière la nuit,
mes deux mains supportant
une forte douleur
qu'en vain j'essaie de chasser.

L'agonie me coupe la gorge
et blesse ma peau.
La tristesse n'est pas conciliable.
Elle reste insistante et fidèle.

Tu me manques toujours
et pour longtemps.
C'est comme le retour de la lune.
Elle te suivra
là où tu iras.

Je tombe sous
les rayons de cette lune
et plonge dans le silence noir
qui étend la nuit devant moi.

Tu es parti depuis si longtemps,
sans raison.
je suis restée tellement triste,
si fidèlement triste.

Walking Behind The Night

I am sitting in front of the moon
A hallucinating slate-blue moon
With your voice stretched out
Into the end of a shallow night.

I walk beside the night
I walk behind the dusk
With both hands carrying
A heavy pain,
Which in vain I try to let go.

The agony is scratching my throat.
Somehow, cutting my skin
In a way, reconciling but still
Insistent and faithful.

Missing you is still
Long and forever.
It is somewhat
Like the return of the moon.
Wherever you go
It will follow you.

I glide into the moon
And roll over in a black silence
Which breaks the night
In front of me.

You are gone so long,
Gone for no reason.
I have remained so sad,
So faithfully sad.

Le nénuphar

Bleu et blanc
sur une tige ferme
dans la boue profonde
en l'absence de reflets de lumière
se libère de ses racines enchevêtrées
soulève la tête
au-dessus de l'eau si bleue
et flotte librement
là où les lumières peuvent toucher
indéfiniment son cœur.

The Waterlily

Purple and green
on a firm stem
in deep mud
with no shimmer of light
frees itself
from the tangled roots
raises its head
above the water so deep blue
and floats free,
where lights can touch
its heart, through and through!

Des choses que disait Harvey

À deux pâtés de maisons,
habitait Harvey, qui avait trouvé refuge
dans ses souvenirs de guerre,
jour après jour assis sur sa terrasse
sur une chaise à bascule.

En allant à l'école à Iowa city, en 1969,
je passais devant sa maison
et, tous les jours, je voyais Harvey
qui regardait de tous les côtés, sur ses gardes,
pour effrayer les chasseurs de vie.
Harvey avait toujours quelque chose à dire!
Il se lamentait de sa vie,
ne voyant que d'un seul œil
à la couleur d'un jus de citron.
«J'ai volé du riz et du poisson fumé
dans des sacs à dos d'hommes morts,
mais j'ai dit une prière.
J'ai tué de nombreux visages inconnus
et j'ai également dit des prières pour eux.
Mais j'ai toujours entendu quelqu'un
qui pleurait au-delà de la lune.»

Sa femme était satisfaite
grâce aux allocations d'invalidité de Harvey.
Elle lui cuisinait du riz et du poisson fumé
quand sa mauvaise humeur
était aussi sauvage qu'une rivière.
Les chagrins de Harvey s'étaient réfugiés
entre les rides de son visage trempé de larmes ;
il montrait aux passants une médaille d'honneur
sur son gilet, qui brillait comme
une luciole au crépuscule.
En montrant les arbres, avec son seul bras, il disait:
"le bruissement des feuilles,
ce sont les fantômes du passé qui appellent."
 Harvey n'est plus là.
Quelque chose l'a emporté hier soir", a déclaré sa femme.

Things Harry Said

Two blocks away,
lived good old Harry
who found shelter
in his memories of war
in a swinging chair
on his porch, day in, day out.

Passing by his house
going to school in Iowa City, 1969
I saw Harry everyday
watching all corners, on guard
to scare away the hunters of life.
Harry always said something.
He lamented his life
with one seeing eye, the color
of lemon juice.
"I stole rice and smoked fish
from the dead men's back packs
but I said a prayer,
I killed many unfamiliar faces
I said prayers for them, too.
but I always heard someone
crying behind the moon."

His wife was indifferent
to Harry's disability,
cooked him rice and smoked fish
as his mood ran as wild as a river.
Harry's sorrows were refugees
between the lines of his tear-stained face;
He'd show passers-by a medal of honor
on his vest, flickering like a firefly, at dusk.
Pointing to the trees, with one-armed might, he'd say:
"The ghosts of the past are calling
from every rustling leaf."
"Harry is no more,
something took him last night," said his wife.

Certaines déclarations ne sont pas toujours vraies.

Ce n'est pas de la dépression,
de la nervosité ou de l'hystérie ;
c'est simplement une confrontation avec toi-même.
Tu te réveilles, tes pensées sont dispersées,
tu ne te reconnais pas
et toutes les voies semblent impassables.

Tu ne comprends pas.
Un homme aux yeux clairs arrive.
Il illumine la nuit profonde et les matins brumeux.
Ses caresses sont douces sous l'orme.
Les oiseaux au clair de lune chantent une mélodie argentée.

Puis, il y a aussi des interruptions.
Le temps est maussade,
mais tes bonnes pensées, quelquefois,
effacent ta folle tristesse
et tu te rends compte que tu as attendu quelqu'un en vain
et, ainsi, tu as effacé le cours de ta vie.

Enfin, quelqu'un d'autre arrive
et tient une lanterne à tes illusions sombres.
Soudainement, toutes les paroles qui étaient
insignifiantes avant, deviennent importantes:
"Il n'y a le temps de vivre que dans le présent.
regarde et observe," dit-il.
Mais je ne vois rien. Mon ombre a perdu sa couleur.
Tu n'a jamais compris, n'est- ce pas ?
"Certaines déclarations ne sont pas toujours vraies,
 mais les questions le sont.

Certain Statements Are Not Always True!

It is not depression, neurosis or hysteria
It is simply a bitter confrontation
with yourself.

You wake up
your mind is carved into separate lines
so is your face.

Someone comes with light in his eyes
and illuminates your dark times.
His touch is soft under the elm tree
and the moonlight bird sings silver tunes.

Then, there are interruptions
your remaining time is sullen
but your good thoughts, from time to time,
delete the crazy sadness in your mind
and make you realize that your waiting
for someone has hobbled the march of your life,
and that you did not comprehend before you took action.

At last, someone else comes and holds a lantern
to your dark delusions
suddenly words that had sounded insignificant
become important:
"Present is the ultimate moment. Look and see," he says.
But I don't see anything, my shadow falls with no color,"
"You never comprehended, did you?
Certain statements are not always true,
but questions are," he says.

Au seuil de la lumière

Je porte sa couleur.
J'entends ses chuchotements quotidiens.
Je vois la chute d'une étoile dans son iris.
Je me sens détachée, vaincue
en essayant d'éviter ses arguments et ses débats.
Peu lui importe si la lumière dans l'univers entier s'éteint.
Je respecte les ombres. Elles montrent des signes de vie.
J'ignore l'homme dont l'ami est un arbre
qui me trouve intéressante.
Il est habituellement assis à la terrasse d'un café
face à la lune sur les toits
et tient une conversation avec son arbre.

Je me promène dans mes os, danse dans ma chair
et sombre dans la tristesse de mon passé.
Je porte le cœur de la lavande sur ma robe
et je vais rencontrer un homme
dont les yeux sont violemment bleus
et ses bras aussi confortables que le nid d'un oiseau.

Je connais un homme qui pense
que quelqu'un se cache derrière son âme.
Je demande à la terre et aux mers de m'accepter
mais je n'entends aucune réponse.
J'aime la façon dont les sommets me font peur car je sais
que les montagnes ne pardonnent pas.
J'aime la façon dont les déserts
me nient et les eaux profondes me refusent.
Il y a tout cela à cause de mon défi.
J'aime la façon dont les chiens me font confiance.
J'entends le silence d'une statue sur l'eau
avec une main levée vers le ciel.
Je n'aime pas le conflit entre les fleurs et la terre dure,
et voir la lune morte tomber dans un cimetière.

Peut-être que je serai sauvée
ou peut-être que je serai perdue ici, au seuil de la lumière.

On The Threshold of Light

I wear his color
I hear his daily whispers
I see the fall of a star in his iris.
I feel detached, defeated
trying to avoid his arguments and debates.
He doesn't care if the light in the whole universe goes out.
I respect shadows. They show signs of life.
I ignore the man whose friend is a tree,
who says I'm kind of interesting.
He usually sits in a sidewalk cafe
facing the moon on the rooftops
and holds a conversation with his tree.

I stroll in my bones, dance in my flesh
and swoon in the sadness of my past.
I bear the heart of lavender on my dress
and go to meet a man whose eyes are violently blue
and his arms as cosy as a bird's nest.

I know a man who thinks someone
is hiding behind his soul.

I demand acceptance from seas and dry lands.
But no response!
I like the way heights frighten me for I know
that mountains are not forgiving.
I like the way deserts deny me, and deep waters
reject me and all of that is because of my own defiance.
I like the way dogs trust me.

I hear the silence of a statue standing over water
with her hand raised towards the sky.
I dislike the dispute between flowers and hard soil,
and see the dead moon falling into a cemetery.

Maybe I'll be saved, maybe I'll be lost
here, on the threshold of light!

Il pleut des cendres

Dites-moi si, vous aussi, entendez les cris muets
d'os qui cherchent des réponses au tourment
qui a écrasé la cage de leur poitrine,
inattendu, imprévisible.
C'est un jour sombre. Il pleut des cendres
même si le soleil flamboyant fait fondre le ciel.
Nos plaies s'émoussent et nous entendons
des créatures rampantes sous nos chairs.
Nos langues sont coincées entre nos dents,
nos visages trempés de sang
et nos yeux paralysés de terreur.

Nos amis ont l'air aussi pâles que les étoiles
dans un ciel désert et
nos tristesses s'enfoncent dans la poussière.
Des âmes qui ont perdu leurs corps
et pleurent leur perte.
Personne n'est à l'abri de l'angoisse, sauf les oiseaux
qui offrent leurs ailes paisibles
pour porter les âmes errantes
dans les passages de la lune céleste!

It Rains Ashes

Tell me if you too, hear the mute screams
of bones seeking answers for the torment
which crashed the cage of their chests,
unexpected, unforetold.
It's a dark day. It rains ashes,
even though the blazing sun is melting the sky.
We erode in our wounds and hear
crawling creatures beneath our flesh!

Our tongues are stuck between our teeth
our faces drenched in blood
and our eyes paralyzed in terror!

Our friends look as pale as the stars
in a deserted sky
and our sorrows sink into the dust.
Souls who have lost their homes
cry over their shattered bodies.
No one is free of angst except for the birds
who offer their peaceful wings
to carry the wandering souls
to the passages of the moon!

(Tableau de Salvador Dali)

Un œil

Un œil
tombe de son orbite
et s'égare dans un ciel empli
d'ombres pâles et sombres.

L'œil a été témoin
des papillons buvant les larmes de fleurs tombées,
des enfants aux côtes nues, affamés,
des soldats morts
dans des tombes ouvertes.

L'œil tourne et avance paniqué.
Ni mur, ni fenêtre, ni aucun visage vif,
ni même une trace de paradis retrouvé.
L'œil regrette d'avoir fermé
les yeux sur la splendeur terrestre.

La couleur des pommes,
la magie du regard des serpents,
les hommes et femmes qui prient sans cesse,
têtes tournées vers le ciel.
Tout lui manque.

L'œil pleure
et ses larmes
brisent le cœur du ciel.

(Salvador Dali's painting)

An Eye

An eye
falls out of its orbit,
slips into a sky plunged
in pale and dark shadows.

The eye has witnessed
butterflies drinking tears of fallen flowers,
starving children with naked ribs,
and dead soldiers in open graves.

The eye rolls in panic.
No walls, windows, or keen faces,
not even a trace of Paradise Regained.
It regrets that it was blind
to earthly splendor.

The eye misses the color of apples,
the gaze of the magical snake,
men and women
still looking up to pray.

The eye weeps
and its tears
break heaven's heart.

Boîte de Pandore

Il y a des douleurs qui te grattent la gorge ;
comme des guerres qui ne finissent jamais,
la souffrance et l'agonie qui persistent
les os des nations du tiers monde
qui sont moulus en poussière,
les maladies qui vous martèlent et vous écrasent.
Mais tu cacheras toujours tes chagrins.
Tu voleras un sourire pour le mettre de force sur ton visage.

Tu prends ton chapelet de baies rouges de houx
et tu pries et t'agenouilles devant les arbustes sacrés.
C'est la vie ou l'amour de quelqu'un que tu as perdu.
Tu avaleras tes larmes et la cage de ta poitrine
se transformera en océan.
Laisse le chagrin être le chagrin.
Pleure quand tu veux.
On ne peut tourner la page quand des vies sont perdues.
Comment tourner une page
d'un livre disparu?
Tu ne peux pas surmonter tes souffrances ;
tu ne fais que clopiner autour d'elles.
Tu ne trouveras pas de raison à toutes les causes
et ne sauras pas pourquoi nous mourrons au crépuscule et
ressusciterons à l'aube.
Vous ne pouvez pas rentrer la misère
dans la boîte de Pandore, la fermer et l'étiqueter : "Résolu".

Laisse-moi aussi te dire que le bien et la grandeur existent.
Il y a les bras qui t'étreignent et
les sourires plein de promesses.

Pandora's Box

There are sorrows like thorns that bruise your throat,
like wars that never end,
suffering and agony,
bones of third world nations that are ground to dust,
diseases that take a hold of you and crush you.
But you always hide your distress.
You'd steal a smile to force on your face.
"It is meant to be," they'd say.
You'll take your rosary of holly red berries
praying and kneeling in front of the holy shrubs.
It's someone's life or love that you have lost.
You'd swallow your tears and the cage of your chest
would turn into an ocean.

Let grief be grief.
There is no closure when lives are lost.
How can you close a door
when there's none in the frame?
You can't get over your sufferings,
you just limp around them.
You won't have a reason for every cause
and won't know why we die at dusk and resurrect at dawn.
You can't stuff the miseries back into Pandora's box, close it
and mark it "Resolved."

Let me also say that there is goodness and grandeur.
There is sweet taste of chocolate
arms to embrace and smiles that promise.

Un après-midi de rubis

Nous nous sommes assis là,
sous un cèdre,
pour boire du thé et manger du chocolat
devant un champ de coquelicots sauvages.

Des couleurs ruisselaient d'une toile de ciel,
se faufilant sous notre peau
comme des vers à soie dans leur cocon.
C'était comme s'il plantait des fleurs
dans mes yeux.
Je suis devenu un papillon
sous ses doigts
et dans la profondeur de ma chair,
c'était comme si la lumière du soleil
enveloppait tout mon corps.
Il a dit quelque chose ; j'ai dit quelque chose
et nos sourires espiègles ont rempli la longueur
d'un après-midi de rubis.

A Ruby Afternoon

We sat
under a cedar tree
drinking tea, with chocolates
in front of a wild poppy field.

Colors dripped from a canvas of sky,
longing under our skin
like silkworms in cocoon,
it seemed as if he was planting flowers
in my eyes.

I turned into a butterfly
under his fingers,
in the depth of my flesh,
it felt as if the sunlight
was wrapping around my body.
He said something, I said something
-Our content filling the length
of a ruby afternoon.

Eloigne la tempête avec ton souffle

Quand tu es coincé
et que tu as envie de t'évanouir,
reprends-toi
et oblige-toi à aller
n'importe où.

Ouvre la fenêtre
quand il y a un vent violent.
Attends sous la pluie,
lave ta peur
et éloigne la tempête!

Défends-toi
avant que quelqu'un ne t'attaque!
Ne joue pas au captif.
Sois ton propre prophète,
écris ta propre histoire
et si tu penses à pardonner
méfie-toi de ta propre exécution.

Blow The Storm Away

When you are baffled
thinking there's no way out
collect yourself,
and command yourself to run
anywhere.

Open the window
when there's turbulent wind
stand under the rain
wash your fears
and blow the storm away!

Defend yourself before someone attacks you!
Do not play a captive.
Be your own prophet,
write your own scripture,
and if you think about forgiving
beware of your own execution.

Comme la couleur rose des fleurs de cerisier

Il revient à la saison des cerises
ses yeux, deux forêts vierges
son visage, un labyrinthe mythique
et ses mots, perles de culture fraîches
dans la coquille de sa langue.

Il revient comme avant, comme toujours
avec la lumière tentante de la lune,
l'arrivée d'hirondelles migrantes,
l'ombre du vert des arbres orphelins,
et la couleur rose des fleurs de cerisier.

Il revient et se promène en ma compagnie
comme un vagabond permanent.

Like the Color Rose To Cherry Blossoms

He returns in the season of cherries
his eyes two virgin forests
his face a mythical maze
and his words, fresh cultured pearls
in the shell of his language.

He returns like before, like always,
with the tempting light of the moon,
the arrival of migrant swallows,
the shade of green to orphan trees,
and the color rose to cherry blossoms.

He returns and roams in my presence
like a permanent vagabond.

Comme les rivières vers leur mer

Dépouillée de ma croyance, nue de ma foi,
je laisse mes pensées chercher leur source
comme les rivières, leur mer.

Mes craintes s'accroupissent comme des tigres.
Mes passions hurlent comme des loups.
Mon âme se bat dans la main d'un aigle.
Mon courage défie ma lâcheté.

Je ne suis pas innocente. Pourtant, les regrets
m'ont protégée – le chagrin derrière, la déception à côté,
emplie de compassion pour les faibles, de patience comme
Bouddha
sous son arbre.

L'amour, par-dessus tout, comme l'amour pour un enfant.
    Je coule vers ma source
        Comme les rivières vers leur mer.

Like Rivers To Their Sea.

Stripped of my belief, my naked faith
I let my thoughts search for their source
like rivers for their sea.

My fears are crouching tigers.
My passions howl like wolves.
My soul struggles in an eagle's grasp.
And my vigor challenges my cowardice.

I am not innocent. Yet regrets shield me
grief behind
discontent beside me,
compassion for the feeble, patience like the Buddha
underneath his tree.

Love, above everything, like love for a child.

     I flow to my source
         like rivers to their sea.

Poèmes Interrompus

Pas de poussière dans le ciel
    pas d'os, pas de cendre
        seuls les passés sans retour.

Le vert scintille dans ses yeux
    éclaircit la nuit sombre
        sous les tilleuls.

Le ciel de deuil
    rosée bleue
        de nouvelles âmes arrivent.

Des moineaux inconscients
    volent haut, plongent derrière les collines
        la liberté entre leurs ailes.

Le soldat aveugle
    Porte une arme à feu
        sous son bras de bois.

Des vaches effrayées
    sentent le sang frais
        en route pour l'abattoir.

Les femmes plantent des fraises
    pour les morts
        sous les saules.

Interrupted Poems

No dust in the sky
    No bones, no ashes
        Only pasts with no returns

Green sparkle in his eyes
    Lightens the somber night
        Under the lime trees.

The mourning sky
    blue dews
        new souls arrive.

Sparrows unaware
    fly high, sink behind the hills
        freedom between their wings.

The blind soldier
    Carries a gun
        under his wooden arm.

Frightened cows
    Smell fresh blood
        On their way to slaughter house.

Women plant strawberries
    For the dead
        Under the willow trees.

Soumission

Dois-je parler et écrire sur la politique
aux nations dont le silence ne leur apprend pas
la valeur de la résistance ou les malheurs
que l'on porte, laissés sans patrie ?
Dois-je écrire sur l'agonie, les factures,
les prêts et la maladie,
sur les religions et l'homme qui est parti
pour voir la lumière claire mais a perdu sa vision,
la femme qui est tombée dans la dépression,
car elle ne pouvait pas porter son manteau de vison
dans les régions chaudes où il n'y avait pas d'hiver.
Ou peut-être, je peux parler d'un homme
qui a vendu les prothèses des morts
pour un paquet de cigarettes,
ou l'homme des ordures
qui ne se souvient plus du parfum des fleurs.

Dois-je écrire sur les pompes funèbres
qui prient pour l'arrivée de plus de morts ?
Peut-être que je parle du cygne muet qui chante
au moment de sa mort,
la menace du vent au milieu des fleurs
ou que trop d'espoir est aussi destructeur
que trop de désespoir.

Je veux aussi écrire à propos de l'aveugle
qui peint du bout des doigts,
de la femme sourde qui voit et danse au son de la musique
ou de mes peurs, de ma folle tristesse,
en attente d'un sauveur.

Dois-je simplement écrire
sur le soleil aux yeux rouges, le deuil
pour les lumières perdues du jour, la lune qui a oublié
d'atteindre son autre moitié ou l'océan qui ne sait pas
de quel côté est la fin de son immensité ?

Submisssion

Should I speak up and write about politics,
nations whose silence doesn't teach them
the value of resistance, or woes that one carries,
left without a homeland?
Should I write about bread, bills, loans and illness
about religions and the man who went
to see the clear light but lost his vision
the woman who fell into depression,
for she could not wear her mink coats in lands of no winters,
or the man who sold a dead man's dentures
for a pack of cigarettes?
What if I write about honey-dippers who dip into
other's excrement to put bread into their children's mouths
and can't remember the scent of flowers,
or undertakers who pray for the arrival of more dead.
Maybe I talk about the mute swan who sings
at the time of his death,
the menace of the wind amid the flowers,
or that too much hoping is as destructive
as too much despair.
What if I write about the blind man
who paints with his fingertips,
or the deaf woman who sees and dances to the music.
Or shall I write about my fears, my crazy sadness,
waiting for a savior?

Should I simply write about the red-eyed sun, mourning
for the lost lights of the day, the moon that has forgotten
to reach its other half, or the ocean that doesn't know
what side is the end of its vastness?

Cours naturels

La mer a perdu son souvenir de profondeur
la rivière a oublié de courir le long de la berge
les couleurs sont fanées
les arbres ont poussé horizontalement et sont devenus
des toiles d'araignée.

La terre a refusé de supporter les déserts
la peur des montagnes s'est infiltrée
dans l'esprit de ceux qui doutent
et est restée fidèle à l'homme.

Certains pensaient qu'il y aurait
un autre ciel avec un autre soleil.

La lune a cessé d'être ronde
et s'est étendue à plat sur la surface du ciel.
Toute limitation du champ visuel a disparu.
L'immensité s'est étendue et a pénétré
par les coins des yeux.

Alors, pourquoi hésiter à célébrer la vie de ce côté
au lieu d'attendre l'autre côté
où elle n'existe pas.

Natural Courses

The sea lost its memory of depth
the river forgot to run long
colors faded
trees grew horizontally and became
spider webs.

The earth refused to endure deserts
fear of mountains entered doubtful minds
and remained faithful to humans
Some thought there will be
another sky with another sun.

The moon left its roundness
and lay flat on the surface of the sky.
Limitations of visions disappeared,
vastness stretched and penetrated
into the corners of the eyes.

So, why hesitate to celebrate life on this side
instead of waiting for the other side
where it doesn't exist?

Le sauveur

Je sais
que ce jour pur viendra,
transporté dans tes mains,
le jour où
les arbres célèbreront
le retour des oiseaux heureux.

Le jour où les murailles tomberont,
où les pieds fatigués marcheront sur les eaux vastes
et le bleu de loin
enlacera le vert de la terre.

Le jour où ta voix fleurira
dans le fond des oreilles sourdes
et tes yeux éclaireront les passages
de mes sombres pensées.

Le jour où ton nom
deviendra mille noms
et ton corps le monde entier.

Le jour où le muet se mettra à parler
et la sincérité deviendra le dernier chant
de l'humanité.

Tous les moments du monde
Pénétreront dans son regard.
Il remplira le vide de tout le monde
et deviendra la lune de toutes les nuits.

Le jour où les douces racines
essuieront leurs larmes
pour la mort des fleurs innocentes.

The Savior

I know
the day will come
that pure day
which is carried in your
transparent hands;
that day in which
the trees have a feast
for the return of migrant birds.

That day in which the high walls fall,
tired feet tiptoe over vast waters,
sweet roots do not mourn
the death of their innocent flowers.

That day in which your voice blooms
in the soil of deaf ears,
your eyes lighten blind eyes
and no one comes back thirsty
from salt deserts.
That day in which your name
becomes a thousand names
and your body the whole world.
That day in which mute blossoms
begin to talk,
justice becomes the doctrine of humanity.

And when you come, thousands and thousands
of stars will sprout on the stem of the night,
and illuminate the whole universe.

That day in which
life takes the taste of chocolate,
heaven and earth share no secrets
and death remains under the dust.

Biographie de l'auteur

Fereshteh Sholevar est née et a grandi à Téhéran. Elle a immigré en Allemagne et plus tard aux États-Unis en 1978. Elle a reçu une maîtrise en Littérature Contemporaine du Rosemont College, Pennsylvanie. Elle écrit en anglais, allemand, français et farsi. Elle a rédigé cinq livres de poésie, dont l'un a été publié en Allemagne. Elle a également été publiée dans quelques anthologies. Son roman, «une fin inattendue», a été publié en 2016. Elle a remporté le prix du meilleur poème; le choix de l'éditeur, dans le magazine Poètes de Philadelphie en 2011 et le deuxième prix de Poésie de Pennsylvanie en 2004, le prix John and Rose Petracca du magazine de Poésie de Philadelphie 2014. Ses poèmes ont paru dans de nombreux magazines littéraires aux États-Unis et en Allemagne et elle a remporté les médailles d'or et d'argent de Hafizie pour les meilleurs poèmes et nouvelles lorsqu'elle vivait à Düsseldorf, en Allemagne. Son livre «Les aventures d'un Husky Sibérien» a été publié en 2016.

The Author Biography

Fereshteh Sholevar was born and raised in Tehran, Iran, where she studied foreign languages and English Literature. She both taught and worked as a translator. In 1969 she left Iran and went to the United States to study English Literature at the University of Iowa. She returned to Iran in 1971 and worked as a translator and English teacher at the British Council in Tehran, where she taught English to Iranian students. In 1978, after the break of the Iranian revolution, she and her German husband, along with her 2-month-old daughter left Iran and went to Germany where she remained until 1990. Sholevar immigrated to Pennsylvania in 1990 and made it a permanent home for her and her daughter. She worked as a rental agent and at the same time received a Master's degree in Creative Writing at the Rosemont College in Pennsylvania. The Iranian–born poet who has spent most of her life abroad (Germany and U.S.A) does not belong to one culture. She talks to the reader in her universal voice, no matter where she or he is from. She has written six books of poetry two of which are bilingual. (English-German and English-Spanish), She has also written a novel *An End, Unexpected*, as well as a children's book, *The Adventures of Nunu, the Siberian Husky*, and *Garden of the Souls*, a book of Ekphrastic poems for the paintings of Monique. K. Sarkessian. Her new English-French Poetry book will be published soon. Her poems have been published in many literary magazines in Germany and the United States.

Sholevar writes in English because she feels free to express herself in a foreign language. She translates her own poems into German and French. She also writes in Farsi. Many of her poems in Farsi have been published in Ferdosi Emrooz, a Persian magazine printed in Los Angeles, CA.

Her daughter, an enthusiastic lawyer and photographer, is the source of Sholevar's energy, hope and gives her a reason to live and write. Fereshteh is a member of a German speaking group that studies the German literature. She is also a member of Mad Poets, Overbrook Poets, and Manyunk Art Center where members exchange literary ideas and poetry.

Awards: :Hafiz Gold Award for Poetry, 1986, Düsseldorf, Germany (shared with poet Anne C. Richly) Hafiz Silver Award for Satire, 1986, Düsseldorf, Germany, Honorable mention for the poem "Walking Beside the Night" in Mad Poets Society, Second prize for poetry from the Pennsylvania Poetry Society for the poem: "I Silently, Silently I", 2005. Editor's Choice for Best Poem, "The Pebble" in Philadelphia Poets Magazine, 2011 the John and Rose Petracca Award of Philadelphia Poets Magazine 2014, for the poem "The Orphan Hydrangeas".

Reviews;

Review of the poetry chapbook: "And the Blue Continues" a bilingual book (English-Spanish) by Nicole Miyashiro in Philadelphia Poets magazine, 2012. Emiliano Martin translated the English into Spanish

Biographie de la réviseuse française

Monique-Paule Tubb est née et a fait toutes ses études à Paris. Elle a suivi le cursus pour obtenir un diplôme de traducteur et interprète de la Sorbonne. Elle a travaillé en France, en Allemagne, en Suisse et aux Etats-Unis dans la traduction, révision et interprétation. En 1996, elle a fondé et géré une société de traduction et interprétation, acceptant des contrats des gouvernements locaux et fédéraux, d'associations à but non lucratif, de grosses sociétés, des services de santé, etc. Elle est maintenant à la retraite et continue d'aimer écrire et réviser le français, une langue qu'elle aime. Parfois, elle écrit des livres pour ses petits-enfants.

French editor's biography

Monique-Paule Tubb was born and raised in Paris, France, where she studied translation and interpreting at the Sorbonne. She has worked in France, Germany, Switzerland and the United States as a translator, editor, and interpreter. In 1996, she founded and managed a translation and interpreting company, accepting assignments from local and federal governments, from non-profit associations, corporations, health organizations, etc. She is now retired and continues to enjoy writing and editing in French, a language she loves. From time to time, she writes books for her grandchildren.

Made in the USA
Middletown, DE
10 March 2019